新装版

できる韓国語

初級 I

著／新大久保語学院
李志暎

DEKIRU出版

音声データについて

　本書の音声は、下記の Web ページからスマートフォンやパソコンで聴くことができます。

https://www.shin-gogaku.com/audio/shokyu1

右の QR コードからもアクセスできます。

　また、下記の新大久保語学院ホームページの「音声・和訳ダウンロード」ページから mp3 ファイルをダウンロードすることができます。

https://www.shin-gogaku.com/shinokubo/words/

One Point Lesson について

　下記の Web ページで登録をすると、スマートフォンやパソコンで文型の解説映像を見ることができます。

https://www.shin-gogaku.com/nonmember/reg/?mid=one1

右の QR コードからもアクセスできます。

はしがき

　2005 年に初版された「できる韓国語初級Ⅰ」が多くの学習者の支持を得て、今回＜新装版＞を発行する運びとなりました。心より厚くお礼申し上げます。

　外国語を学ぶにあたって基礎をしっかり学ぶことは大事です。また、それだけではなく楽しく勉強できることも大事な要素です。本教材は、学習者がより楽しく、きちんと勉強できるように「話す、聞く、読む、書く」の4技能を練習できるようにしました。

本教材の構成は以下のとおりです。

● Part Ⅰ：4レッスンで韓国語の文字が読めるようになります。
● Part Ⅱ：本格的に韓国語で会話を始めます。
　　　　　−韓国の文化内容を素材にして興味深く学習できるよう構成しました。
　　　　　−会話・語彙・聴き取り練習を通して、聴く力を伸ばします。
　　　　　−様々な教室活動を通して、話す練習ができるようにしました。
　　　　　−基本文型で練習した語彙が、応用練習の段階でも繰り返し練習できるようにして、語彙の暗記を促しました。
　　　　　−様々な発音の変化が納得して練習できるようにしました。
　　　　　− Review 問題を通して、習った内容が復習できます。
● Part Ⅲ：発音の変化、助詞、用言（動詞や形容詞）の活用をまとめました。単語集には、初級レベルで知ってほしいものを収録しました。

　本教材は、韓国語を基礎からきちんと学びたいと思っている方、韓国人との簡単な日常会話を楽しみたい方にきっと役に立てると思います。本教材をマスターした方々が、韓国語に自信を持つようになり、いっそう韓国語の勉強に踏み込む原動力となることを期待しております。

李志暎

目　　次

Part Ⅲ　まとめましょう

◆◆　ハングルの字母　◆◆

子音＼母音	ㅏ [a]	ㅑ [ja]	ㅓ [ɔ]	ㅕ [jɔ]	ㅗ [o]	ㅛ [jo]	ㅜ [u]	ㅠ [ju]	ㅡ [ɯ]	ㅣ [i]
ㄱ [k,g]	가	갸	거	겨	고	교	구	규	그	기
ㄴ [n]	나	냐	너	녀	노	뇨	누	뉴	느	니
ㄷ [t,d]	다	댜	더	뎌	도	됴	두	듀	드	디
ㄹ [r, l]	라	랴	러	려	로	료	루	류	르	리
ㅁ [m]	마	먀	머	며	모	묘	무	뮤	므	미
ㅂ [p,b]	바	뱌	버	벼	보	뵤	부	뷰	브	비
ㅅ [s]	사	샤	서	셔	소	쇼	수	슈	스	시
ㅇ [なし]	아	야	어	여	오	요	우	유	으	이
ㅈ [tʃ,ʤ]	자	쟈	저	져	조	죠	주	쥬	즈	지
ㅊ [tʃʰ]	차	챠	처	쳐	초	쵸	추	츄	츠	치
ㅋ [kʰ]	카	캬	커	켜	코	쿄	쿠	큐	크	키
ㅌ [tʰ]	타	탸	터	텨	토	툐	투	튜	트	티
ㅍ [pʰ]	파	퍄	퍼	펴	포	표	푸	퓨	프	피
ㅎ [h]	하	햐	허	혀	호	효	후	휴	흐	히
ㄲ [ˀk]	까	꺄	꺼	껴	꼬	꾜	꾸	뀨	끄	끼
ㄸ [ˀt]	따	땨	떠	뗘	또	뚀	뚜	뜌	뜨	띠
ㅃ [ˀp]	빠	뺘	뻐	뼈	뽀	뾰	뿌	쀼	쁘	삐
ㅆ [ˀs]	싸	쌰	써	쎠	쏘	쑈	쑤	쓔	쓰	씨
ㅉ [ˀtʃ]	짜	쨔	쩌	쪄	쪼	쬬	쭈	쮸	쯔	찌

◆◆ ハングルの由来 ◆◆

　ハングルが作られたのは 1443 年です。それまでは中国から入って来た漢字が使われていましたが、庶民にとってはとても難しかったため、朝鮮時代の世宗（セゾン）国王が当時の学者たちとともに作ったのがハングルです。ハングルの形は基本的には発音したときの口の形を記号化したものです。

◆◆ 韓国語はどのように構成されているのか ◆◆

1　韓国語は易しい

(1) 日本語にある助詞が、韓国語にもある。

(2) 語順が、日本語とほぼ同じ。

$$例）\underline{私} は ／ \underline{韓国} へ ／ \underline{行きます}。$$
$$↓ ↓ ／ ↓ ↓ ／ ↓$$
$$저는／ 한국에 ／ 갑니다 .$$
$$\underline{チョ ヌン}／\underline{ハングク エ}／\underline{カムニダ}$$

(3) 発音の似ている漢字音が多い。

　例）가구 [カグ]（家具）、도로 [トロ]（道路）、온도 [オンド]（温度）

2　ハングルの組み合わせ

愛しています

사 [sa] 랑 [rang] 해 [he] 요 [yo]
サ　ラン　　ヘ　　ヨ

1）「子音＋母音」が文字の基本単位

子音　母音
↓　　↓
ㅅ　　ㅏ

2）「子音＋母音＋子音（パッチム）」の組み合わせ

子音　母音
↓　　↓
ㄹ　　ㅏ
　ㅇ ← 子音（パッチム）

Part 1

たった4レッスンでハングルが読める！！

Lesson 1　基本母音

　基本母音は 10 個あります。その形は、縦棒 (｜) と横棒 (―) を基本にして
その左右または上下に短い線が 1 本か 2 本ついています。

| ├ ├ / ├ ├ / ⊥ ⊥ / ⊤ ⊤ / ― ｜ |
| [ア ヤ / オ ヨ / オ ヨ / ウ ユ / ウ イ] |

覚え方のコツ

①縦棒や横棒に短い線が 2 本ついている母音には、[y] 音が添加されている
　と考えてください。

②「┤」と「⊥」の違い：「┤」の口の大きさは「├」より小さく、下のあご
　を若干引くような感じで喉の奥から音を出します。「⊥」は唇をすぼめるよ
　うに真ん丸くしてください。

③「⊤」と「―」の違い：「⊤」は日本語の「ウ」の口の形より唇を尖がらせ
　た形で発音し、「―」は唇を横に引いた形で発音します。
　少なくとも 10 回以上書きながら発音してみましょう。

＊基本母音は文字の骨のようなものですから、完全に覚えましょう！

＜書いてみましょう＞

①├②↓	①②├↓→	①┤②↓	①③┤②↓	①⊥↓②→	①②⊥↓③→	①→⊤↓	①→⊤②↓	―	｜

子音へ本格的に入る前に

　5ページの「ハングルの字母」の表を見てください。一番上の行はすでに習った基本母音10個が横に並んでいますね。次に、一番左側を見てください。子音の発音記号が縦に書かれています。しかし、その中で発音記号がついてないところがあります。丸の形の「ㅇ」です。

　ここに発音記号がついていないのは、音がないからです。つまり、音のない「ㅇ」と母音の「ㅏ」を組み合わせて「아」と書けば「ア」という音を持つ文字になるのです。

아	야	어	여	오	요	우	유	으	이

＜書いてみましょう＞書き順は先に子音を書いてから母音を書きます。

아								

＜読んでみましょう＞　03

아이（子供）

오이（きゅうり）

우유（牛乳）

여우（キツネ）

여유（余裕）

아야！（痛いっ！）

Lesson 2　子音①：平音

　ここでは、文字の基本単位である「子音＋母音」の組み合わせを読んでいきましょう。たとえば、[k] の音を持っている子音「ㄱ」と、[a] の音を持っている母音「ㅏ」が組み合わさると、「가 [ka]」という音になるでしょう。

　子音には「平音」「激音」「濃音」の３種類があります。順にして読んでみましょう。まず、平音は次のようになります。

ㄱ [k]	ㄴ [n]	ㄷ [t]	ㄹ [r]	ㅁ [m]
ㅂ [p]	ㅅ [s]	ㅇ [なし]	ㅈ [tʃ]	ㅎ [h]

上のそれぞれの子音に、母音「ㅏ [a]」を右側につけ、発音してみましょう。

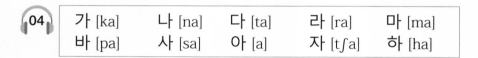

가 [ka]	나 [na]	다 [ta]	라 [ra]	마 [ma]
바 [pa]	사 [sa]	아 [a]	자 [tʃa]	하 [ha]

今度は発音記号を見ないで、ハングルだけ見ながら発音練習をしましょう。

가	나	다	라	마	바	사	아	자	하

　「ハングルの字母」表を見ると、ㄱ [k] という子音と、ㅏ [a] という母音との組み合わせで가 [ka]、ㅑ [ya] という母音との組み合わせで갸 [kya]、ㅓ [ɔ] という母音との合わせで거 [kɔ] という文字になることがわかります。

★ ヒント ★

　「ハングルの字母」表の横に並んでいる「ㅏ ㅑ ㅓ ㅕ…」は、日本語の「アイウエオ」と、縦の「가나다라…」は日本語の「アカサタナ…」と同じ様です。日本の子供たちが学校で「アカサタナハマヤラワ」と暗唱するのと同じように、韓国の子供たちも「カナタラマパサア…」を覚えます。辞書を引くときにも役に立ちますので声を出して覚えましょう。

◆ 05

| ㄱ [k, g] | 가 | 야 | 거 | 겨 | 고 | 교 | 구 | 규 | 그 | 기 |

＜書いてみましょう＞

| ㄱ | | | | | | | | | |

＜読んでみましょう＞

가구 （家具）

고기 （肉）

이거 （これ）

여기 （ここ）

야구 （野球）

고교 （高校）

◆ 06

| ㄴ [n] | 나 | 야 | 너 | 녀 | 노 | 뇨 | 누 | 뉴 | 느 | 니 |

＜書いてみましょう＞

| ㄴ | | | | | | | | | |

＜読んでみましょう＞

누구 （だれ）

어느 （どの）

나 （僕、私）

너 （あなた）

나가요 （出かけます）

누나＜男性からの＞姉

ㄷ [t,d]	다	댜	더	뎌	도	됴	두	듀	드	디

＜書いてみましょう＞

ㄷ									

＜読んでみましょう＞

가다（行く）　　어디（どこ）　　구두（靴）　　더（もっと）

ㄹ [r]	라	랴	러	려	로	료	루	류	르	리

＜書いてみましょう＞

ㄹ									

＜読んでみましょう＞

우리（我々）　　나라（国）　　도로（道路）　　요리（料理）

ㅁ [m]	마	먀	머	며	모	묘	무	뮤	므	미

＜書いてみましょう＞

ㅁ									

＜読んでみましょう＞

나무（木）　　어머니（お母さん）　　고구마（さつま芋）　　머리（頭）

◆ 🎧10

ㅂ [p,b]	바	뱌	버	벼	보	뵤	부	뷰	브	비

＜書いてみましょう＞

ㅂ										

＜読んでみましょう＞

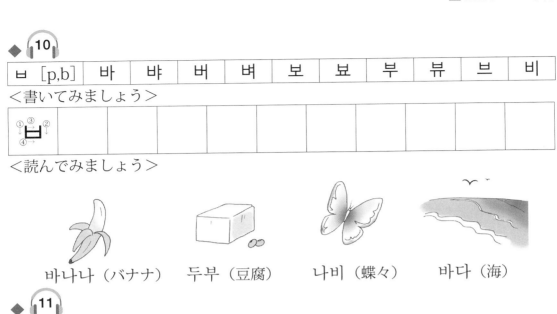

바나나（バナナ）　　두부（豆腐）　　나비（蝶々）　　바다（海）

◆ 🎧11

ㅅ [s]	사	샤	서	셔	소	쇼	수	슈	스	시

＜書いてみましょう＞

ㅅ										

＜読んでみましょう＞

소（牛）　　스시（寿司）　　가수（歌手）　　버스（バス）

◆ 🎧12

ㅈ [tʃ]	자	쟈	저	져	조	죠	주	쥬	즈	지

＜書いてみましょう＞

ㅈ										

＜読んでみましょう＞

여자（女性）　아버지（お父さん）　지구（地球）　저고리（チョゴリ）

| ㅎ [h] | 하 | 햐 | 허 | 혀 | 호 | 효 | 후 | 휴 | 흐 | 히 |

<書いてみましょう>

| ②←①↓ ③ ㅎ | | | | | | | | | | |

<読んでみましょう>

허리（腰）　휴지（トイレットペーパー）　　흐리다（曇る）　　오후（午後）

◆◆ 子音の復習 — 書きながら読んでみましょう ◆◆

이거	가구	고기	누구	어디
이거				
우리	도로	어머니	나무	두부
우리				
바다	버스	지구	휴지	오후
바다				

★ よくある質問！ ★

Q：「가구」の発音の場合、[kagu] のように後ろの「구」は濁るように聞こえます。

A：子音「ㄱ」の発音には [k] と [g] がありますが、母音の後続く「ㄱ」の
　　音は [g] となり、濁るように発音されます。

Lesson 2　子音②：激音

　子音には激音というものがあります。文字通り、激しい息を出しながら発音するので「激音」と言います。激音は、「차 , 카 , 타 , 파」の4つです。この4つの子音は前のページで見た「자 , 가 , 다 , 바」の形に似ていますね。「자 , 가 , 다 , 바」のそれぞれに点や短い線がついて「차 , 카 , 타 , 파」となっているのがわかりますか。これらは「息を激しく出してください」という印として考えればわかりやすいでしょう。

> 자 → 차　　가 → 카
> 다 → 타　　바 → 파

◆ 14

ㅊ [tʃʰ]	차	챠	처	쳐	초	쵸	추	츄	츠	치

＜書いてみましょう＞

①→ ②ㅊ③										

＜読んでみましょう＞

고추（唐辛子）

차（車）

치마（スカート）

처녀（乙女）

◆ 15

ㅋ [kʰ]	카	캬	커	켜	코	쿄	쿠	큐	크	키

＜書いてみましょう＞

①↲ ②ㅋ										

＜読んでみましょう＞

쿠키（クッキー）

카지노（カジノ）

오쿠보（大久保）

코（鼻）

| ㅌ [tʰ] | 타 | 탸 | 터 | 텨 | 토 | 툐 | 투 | 튜 | 트 | 티 |

＜書いてみましょう＞

| ③→ㅌ②
 └ | | | | | | | | | |

＜読んでみましょう＞

도토리（どんぐり）　노트（ノート）　토스트（トースト）　투수（投手）

| ㅍ [pʰ] | 파 | 퍄 | 퍼 | 펴 | 포 | 표 | 푸 | 퓨 | 프 | 피 |

＜書いてみましょう＞

| ①→
 ②ㅍ③
 ④→ | | | | | | | | | |

＜読んでみましょう＞

피자（ピザ）　　커피（コーヒー）　　아파트（アパート）　　파（ねぎ）

◆◆**激音の復習** ─ 書きながら読んでみましょう◆◆

고추	치마	쿠키	오쿠보	도토리
고추				
노트	피자	파	토스트	커피
노트				

Lesson 2　子音③：濃音

　子音には「濃音」というものもあります。「濃音」は、強く発音されますが、激音と違って息を出しません。これは日本語にはない発音なので発音しにくいと思いますが、練習を重ねることでできるでしょう。濃音には「까 , 따 , 빠 , 싸 , 짜」の５つがあります。それぞれの子音の形は双子のように重なっていますね。

★ 発音のヒント ★
１）文字の直前に「っ」が付いていると思って力を入れます。
２）喉のところを締め付け、音を控えめに漏らすような感じで発音します。
３）教室で発音のできる生徒さんの「（自分なりの）発音の仕方」を聞いてみましょう。

◆ 18

ㄲ [ˀk]	까	꺄	꺼	껴	꼬	꾜	꾸	뀨	끄	끼

＜書いてみましょう＞

①↓②↓ㄲ										

＜読んでみましょう＞

꼬리（しっぽ）　　아까（さっき）　　끄다（消す）　　토끼（ウサギ）

| ㄸ [ˀt] | 따 | 땨 | 떠 | 뗘 | 또 | 뚀 | 뚜 | 뜌 | 뜨 | 띠 |

<書いてみましょう>

| ①→③→
②ㄸ④
↓ | | | | | | | | | |

<読んでみましょう>

또（また）

소띠（丑年）

따르다（なつく、従う）

| ㅃ [ˀp] | 빠 | 뺘 | 뻐 | 뼈 | 뽀 | 뾰 | 뿌 | 쀼 | 쁘 | 삐 |

<書いてみましょう>

| ②⑤
①③↓↓⑦
ㅃ⑥
④↓⑥ | | | | | | | | | |

<読んでみましょう>

뼈（骨）

오빠（＜女性からの＞お兄さん）

바빠요？（忙しいですか）

| ㅆ [ˀs] | 싸 | 쌰 | 써 | 쎠 | 쏘 | 쑈 | 쑤 | 쓔 | 쓰 | 씨 |

<書いてみましょう>

| ①②③④
↓ㅆ↓ | | | | | | | | | |

<読んでみましょう>

쓰다（書く）

비싸요（＜値段が＞高いです）

써요（苦いです）

🎧 **22**

| 쯔 [ˀtʃ] | 짜 | 쨔 | 쩌 | 쪄 | 쫘 | 쬬 | 쭈 | 쮸 | 쯔 | 찌 |

<書いてみましょう>

| ①③
②④ 쯔 ✓ | | | | | | | | | | |

<読んでみましょう>

짜다（塩辛い）

찌다（蒸す）

쭈그리다（しゃがむ）

◆◆ **濃音の復習**— 書きながら読んでみましょう ◆◆

아까	꼬리	또	소띠	쓰다
아까				
오빠	바빠요	비싸요	짜다	찌다
오빠				

Lesson 3 　パッチム

　パッチムとは、これまでに勉強した<u>＜子音＋母音＞の形の下にさらにつく子音</u>のことです。

チ ン グ
친 구

（「 ㅊ ＋ ㅣ ＋ ㄴ 」　「 ㄱ ＋ ㅜ 」）

　パッチムは韓国語で「下敷き」という意味ですが、本当に文字の下敷きとなる位置にきていますね。

　このパッチムの読み方ですが、<u>パッチムの形は異なっても発音は同じになる場合があります。</u>たとえば、악 , 앜 , 앆という文字のパッチムは、「ㄱ」「ㅋ」「ㄲ」でそれぞれ違いますが、発音は同じなのです。

　パッチムの発音を覚える際に、同じ発音になるパッチムを一緒に覚えたほうが楽でしょう。パッチムの発音は、以下の表で示したように３種類（ｋ型、ｐ型、ｔ型）として覚えると簡単です。

	口音	鼻音	流音
ｋ型	ㄱ , ㅋ , ㄲ	ㅇ	
ｐ型	ㅂ , ㅍ	ㅁ	
ｔ型	ㄷ , ㅅ , ㅆ , ㅈ , ㅊ , ㅎ , ㅌ	ㄴ	ㄹ

◆＜**ｋ型**＞には「ㄱ , ㅋ , ㄲ」のパッチムがあります。つまり、「아」の下にそれぞれのパッチムがつく「악」,「앜」,「앆」はすべて同じ音 [akk] になります。発音の仕方は、日本語で＜アック [akku] ＞の［akk］まで発音して、［u］の音は発音しないようにします。口をあけたまま、喉をしめつけるように発音するといいでしょう。

＜読んでみましょう＞

박（朴）　　　　약（薬）　　　　국（スープ）　　떡볶이（トッポッキ）

　鼻音の「ㅇ」がパッチムのときは、音が響くようになります。音が鼻を抜ける
ように音を出しましょう（例：앙）。ちなみに、鼻音は鼻を摘むと音は出ません。
＜読んでみましょう＞

방（部屋）　　　　　식당（食堂）　　　　　형（＜男性からの＞兄）

동경（東京）　　　　중국（中国）　　　　　걱정（心配）

＜書きながら読んでみましょう＞

악	밖	억	락	착	강	방	장	창	항

◆＜**p型**＞は「ㅂ, ㅍ」のパッチムになります。つまり、「압」と「앞」は同じ
音です。発音の仕方は、日本語で＜アップ [appu] ＞と言うときの ［app］ まで発
音して、［u］ の音は発音しないようにします。唇を閉じたまま音を止めます。
＜読んでみましょう＞

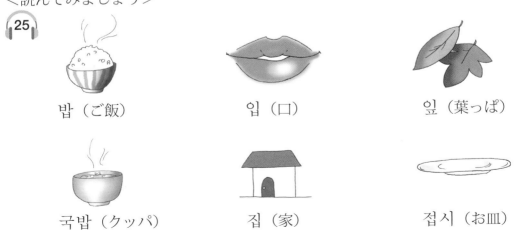

밥（ご飯）　　　　　입（口）　　　　　잎（葉っぱ）

국밥（クッパ）　　　　집（家）　　　　접시（お皿）

鼻音である「ㅁ」も、日本語で＜アンム [ammu] ＞と言うときの ［amm］まで
の発音で、「ㅍ」と同様に口の形は唇が閉じたまま音が止まります。
＜読んでみましょう＞

26

김밥（のり巻き）　　비빔밥（ビビンバ）　　김치（キムチ）

봄（春）　　　　　　여름（夏）　　　　　조금（少し）

＜書きながら読んでみましょう＞

입	집	답	잎	값	싶	김	잠	봄	름

◆＜ ｔ型＞には、「ㄷ , ㅅ , ㅆ , ㅈ , ㅊ , ㅎ , ㅌ」など、数が多いので、これらを
全部覚えるよりも、前の「ｋ型」と「ｐ型」以外のものとして覚えましょう。
発音の仕方は、日本語で＜アッタ [atta] ＞と言うときの [att] までの発音で、舌が
上の歯のうらに付いたところで音を止めてください。
＜読んでみましょう＞

27

옷（服）　　　　　　맛（味）　　　　　　꽃（花）

숟가락（スプーン）　젓가락（箸）　　　　몇 시（何時）

　鼻音である「ㄴ」は日本語で＜アンナ [anna] ＞と言うときの [ann] までの発音で、舌が上の歯茎に付いたところで音が止まります。

＜読んでみましょう＞

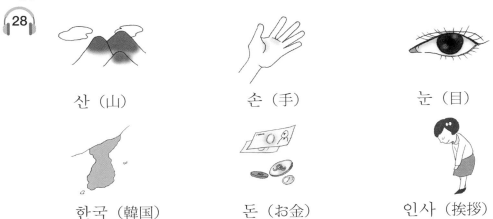

| 산（山） | 손（手） | 눈（目） |

| 한국（韓国） | 돈（お金） | 인사（挨拶） |

　流音の「ㄹ」も舌が上の歯茎に付きます。日本語の「ラ」を発音したとき舌が付くような形ですが、より力を入れて舌をつけたまま音を止めてください。
＜ t 型＞パッチムの発音は舌の位置に注意しましょう。

＜読んでみましょう＞

| 서울（ソウル） | 일본（日本） | 술（酒） |

| 팔（腕） | 미용실（美容室） | 한글（ハングル） |

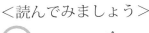

＜書きながら読んでみましょう＞

옷	맛	있	숲	산	눈	한	술	팔	일

◆◆ パッチムの復習―読んでみましょう ◆◆

　以上のように、パッチムの発音は大きく3つのパターン（7種類）に分けて練習してみました。

＜書きながら読んでみましょう＞

약속	식당	걱정	김치	집
국밥	조금	옷	맛	젓가락
인사	한국	일본	술	서울

Lesson 4　合成母音

　合成母音は、基本母音同士で組み合わされた母音の形を、別のカテゴリーとして分類したものです[*]。ここでは、便宜上学習しやすいように以下の３種類に分けて説明していきます。 ＊音声からの分類としては「単母音（ ㅏ , ㅣ , ㅡ , ㅜ , ㅔ , ㅐ , ㅗ , ㅓ ）」と「二重母音」に分ける。

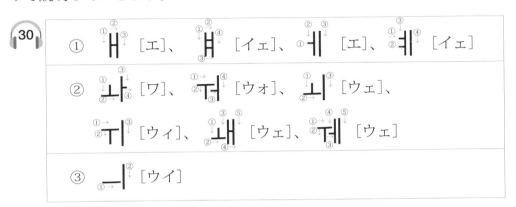

　①基本母音「ㅏ , ㅑ , ㅓ , ㅕ」のそれぞれに基本母音「ㅣ」をつけてみると、「ㅐ , ㅒ , ㅔ , ㅖ」になります。「ㅐ」と「ㅔ」の発音は［エ］に近く、「ㅒ」と「ㅖ」は［イェ］に近い発音になります。母音は４つですが、発音は２種類と考えると簡単でしょう。つまり、「애」と「에」の発音はどちらも「エ」になるように[*]、「새」と「세」の発音はどちらも「セ」になります。また、「얘」と「예」はどちらも「イェ」になります。 ＊厳密には、「에」より「애」のほうがやや口の形を大きく発音するが、現代ではあまり区別しなくなっている。

＜書いてみましょう＞

애	얘	에	예

＜読んでみましょう＞

애기（赤ちゃん）　　　얘기（話）　　　주세요（ください）

안녕히 계세요（さようなら）　　개（犬）　　시계（時計）

②韓国語には「陽母音」と「陰母音」というものがあります。「陽母音」はわりと軽くて明るい感じで、「陰母音」は重くて暗い感じの傾向があります。

たとえば、小さい太鼓の音は軽くて明るい「とんとん（동동）」、大きい太鼓の音は重い感じの「どんどん（둥둥）」です。日本語の場合は清音と濁音でその違いを区別しますが、韓国語は陽母音「ㅗ」と陰母音「ㅜ」で区別することが多いです。

陽母音には「ㅗ」と「ㅏ」があり、そのほかは陰母音として扱われますが、「ㅣ」は中性母音になります。

```
陽母音：ㅗ、ㅏ
陰母音：ㅜ、ㅓ
中性母音：ㅣ
```

合成母音は陽母音同士で、または陰母音同士で組み合わさっており、絶対陽母音と陰母音が共に組み合わさることはありません。ただし、中性の母音「ㅣ」は陽母音にも陰母音にも付くことができます。

	合成母音の組み合わせ
陽母音：ㅗ、ㅏ	ㅗ + ㅏ = ㅘ［ワ］、 ㅗ + ㅣ = ㅚ［ウェ］、 ㅗ + ㅏ + ㅣ = ㅙ［ウェ］
陰母音：ㅜ、ㅓ	ㅜ + ㅓ = ㅝ［ウォ］、 ㅜ + ㅣ = ㅟ［ウィ］、 ㅜ + ㅓ + ㅣ = ㅞ［ウェ］

合成母音の発音ですが、基本母音２つを速く発音します。たとえば、「ㅗ [o]」と「ㅏ [a]」を速く発音してみると「ㅘ［ワ］」になります。同じく「ㅜ + ㅓ」は「ㅝ［ウォ］」、「ㅜ + ㅣ」は「ㅟ［ウィ］」という音になります。ただし、網掛けの文字「외」「왜」「웨」は［ウェ］という音になります。

次は声を出しながら書いてみましょう。

＜書いてみましょう＞

와		외		왜	
워		위		웨	

＜読んでみましょう＞

사과（リンゴ）　웨딩드레스（ウェディングドレス）　회사（会社）

귀（耳）　　　　　　가위（はさみ）　　　　　열쇠（鍵）

더워요（暑いです）　　화장실（トイレ）　　매워요（辛いです）

③基本母音「ー」と「｜」とを組み合わせた「ㅢ」は、口を横に開いて「ー」と「｜」をはやく発音するようにします。ただし、「편의점」のように「의」が語中にあるときは［이］のように発音します。*

* 「의」が助詞として使われるときは［에］のように発音します。

＜読んでみましょう＞

의사（医者）　　의자（椅子）　　편의점（コンビニ）　　회의（会議）

◆◆ **合成母音の復習**— 書きながら読んでみましょう ◆◆

네	찌개	사과	회사	매워요
귀	웨딩	외국	의자	화장실

<参考>

◆◆ **子音の名称** ◆◆

子音には次のようにそれぞれ名前が付けられています。

ㄱ	ㄴ	ㄷ	ㄹ	ㅁ	ㅂ	ㅅ	ㅇ	ㅈ	
기역	니은	디귿	리을	미음	비읍	시옷	이응	지읒	
ㅊ	ㅋ	ㅌ	ㅍ	ㅎ	ㄲ	ㄸ	ㅃ	ㅆ	ㅉ
치읓	키읔	티읕	피읖	히읗	쌍기역	쌍디귿	쌍비읍	쌍시옷	쌍지읒

◆◆ **子音と母音の順序** ◆◆

韓国語の辞書は、以下の順になります。

<子音>

ㄱ	ㄲ	ㄴ	ㄷ	ㄸ	ㄹ	ㅁ	ㅂ	ㅃ	ㅅ	ㅆ	ㅇ	ㅈ	ㅉ	ㅊ	ㅋ	ㅌ	ㅍ	ㅎ

<母音>

ㅏ	ㅐ	ㅑ	ㅒ	ㅓ	ㅔ	ㅕ	ㅖ	ㅗ	ㅘ	ㅙ	ㅚ	ㅛ	ㅜ	ㅝ	ㅞ	ㅟ	ㅠ	ㅡ
ㅢ	ㅣ																	

＊赤字は基本母音

＜文字の復習：音声を聴きながら練習しましょう＞

34 1．次の単語を発音してみましょう。

① 식당（食堂）　　② 잎（葉っぱ）　　③ 조금（少し）

④ 젓가락（箸）　　⑤ 한국（韓国）　　⑥ 일본（日本）

35 2．次の単語を発音してみましょう。

① 사과（りんご）　　② 귀（耳）　　　　③ 외국（外国）

④ 매워요（辛いです）⑤ 화장실（トイレ）⑥ 의자（椅子）

36 3．次の単語を発音に注意しながら練習してみましょう。

① 자다（寝る）－ 차다（冷たい）

② 커피（コーヒー）－ 코피（鼻血）

③ 달（月）－ 딸（娘）

37 4．音声を聴きながら、発音されているものに○をつけてみましょう。

	a	b
①	집（家）（　　）	짐（荷物）（　　）
②	밖（外）（　　）	방（部屋）（　　）
③	맛（味）（　　）	멋（おしゃれ）（　　）
④	산（山）（　　）	살（肉）（　　）
⑤	왜（なぜ）（　　）	위（上）（　　）
⑥	뭐（何）（　　）	매（鷹）（　　）

38 5．音声を聴きながら、発音に該当する単語を、a~f から探してみましょう。

① _____　　　a. 이름（名前）

② _____　　　b. 여자（女性）

③ _____　　　c. 인사（挨拶）

④ _____　　　d. 치마（スカート）

⑤ _____　　　e. 여름（夏）

⑥ _____　　　f. 피자（ピザ）

39 6．音声を聴きながら単語を書いてみましょう。

① □구

② 바□

③ 커□

④ □본

⑤ 회□

◆◆　日本語のハングル表記　◆◆

　日本語の固有名詞などをハングルで表記する際には、以下のような規則があります。特に、語頭と語中の異なる表記などに注意しましょう。

日本語					ハングル									
					語頭のとき					語中のとき				
あ	い	う	え	お	아	이	우	에	오	아	이	우	에	오
か	き	く	け	こ	가	기	구	게	고	카	키	쿠	케	코
さ	し	す	せ	そ	사	시	스	세	소	사	시	스	세	소
た	ち	つ	て	と	다	지	쓰	데	도	타	치	쓰	테	토
な	に	ぬ	ね	の	나	니	누	네	노	나	니	누	네	노
は	ひ	ふ	へ	ほ	하	히	후	헤	호	하	히	후	헤	호
ま	み	む	め	も	마	미	무	메	모	마	미	무	메	모
や		ゆ		よ	야		유		요	야		유		요
ら	り	る	れ	ろ	라	리	루	레	로	라	리	루	레	로
わ				を	와				오	와				오
が	ぎ	ぐ	げ	ご	가	기	구	게	고	가	기	구	게	고
ざ	じ	ず	ぜ	ぞ	자	지	즈	제	조	자	지	즈	제	조
だ	ぢ	づ	で	ど	다	지	즈	데	도	다	지	즈	데	도
ば	び	ぶ	べ	ぼ	바	비	부	베	보	바	비	부	베	보
ぱ	ぴ	ぷ	ぺ	ぽ	파	피	푸	페	포	파	피	푸	페	포
きゃ	きゅ	きょ			갸	규	교			캬	큐	쿄		
しゃ	しゅ	しょ			샤	슈	쇼			샤	슈	쇼		
ちゃ	ちゅ	ちょ			자	주	조			차	추	초		
にゃ	にゅ	にょ			냐	뉴	뇨			냐	뉴	뇨		
ひゃ	ひゅ	ひょ			햐	휴	효			햐	휴	효		
みゃ	みゅ	みょ			먀	뮤	묘			먀	뮤	묘		
りゃ	りゅ	りょ			랴	류	료			랴	류	료		
ぎゃ	ぎゅ	ぎょ			갸	규	교			갸	규	교		
じゃ	じゅ	じょ			자	주	조			자	주	조		
びゃ	びゅ	びょ			뱌	뷰	뵤			뱌	뷰	뵤		
ぴゃ	ぴゅ	ぴょ			퍄	퓨	표			퍄	퓨	표		
（撥音）ん					（パッチム）ㄴ									
（促音）っ					（パッチム）ㅅ									
長音					表記しない									

例）東京（とう きょう）도쿄　　大阪（おお さ か）　오사카
　　札幌（さっ ぽ ろ）삿포로　　銀座（ぎん ざ）　　긴자

◆◆ 日本語のハングル表記の練習 ◆◆

次の日本の地名や名前などをハングルで表記してみましょう。

(1) 京都（きょうと）＿＿＿＿＿＿＿＿＿

(2) 沖縄（おきなわ）＿＿＿＿＿＿＿＿＿

(3) 北海道（ほっかいどう）＿＿＿＿＿＿＿＿＿

(4) 九州（きゅうしゅう）＿＿＿＿＿＿＿＿＿

(5) 新潟（にいがた）＿＿＿＿＿＿＿＿＿

(6) 鎌倉（かまくら）＿＿＿＿＿＿＿＿＿

(7) 新宿（しんじゅく）＿＿＿＿＿＿＿＿＿

(8) 六本木（ろっぽんぎ）＿＿＿＿＿＿＿＿＿

(9) 恵比寿（えびす）＿＿＿＿＿＿＿＿＿

(10) 三菱（みつびし）＿＿＿＿＿＿＿＿＿

(11) 佐藤明日香（さとう・あすか）＿＿＿＿＿＿＿＿＿＿＿＿

(12) 林陽子（はやし・ようこ）＿＿＿＿＿＿＿＿＿＿＿＿

(13) 自分の名前を書いてみましょう。＿＿＿＿＿＿＿＿＿＿＿＿

Part Ⅱ

韓国語で会話を始めましょう！

함경북도

청진■

함경남도

평안북도

신의주

함흥■

평안남도

평양■

황해도

강원도

해주■

경기도

춘천■

인천광역시■ ■서울특별시

울릉도

■수원

충청북도

충청남도 ■청주

대전광역시■

경상북도

대구광역시■ 경주■

전주■

전라북도

경상남도

울산광역시■

창원■

광주광역시■ 부산광역시■

전라남도

제주

제주도

●●● 教室でよく使う表現 ●●●

◆보세요.　　　　　　見てください。

◆쓰세요.　　　　　　書いてください。

◆들으세요.　　　　　聴いてください。

◆읽으세요.　　　　　読んでください。

◆따라 하세요.　　　あとについてやってください。

◆네.　　　　　　　　はい。

◆아뇨.　　　　　　　いいえ。

◆알겠어요.　　　　　わかりました。

◆모르겠어요.　　　　わかりません。

◆ - 주세요.　　　　　～ください。

◆질문 있어요?　　　質問はありますか。

◆네, 있어요.　　　　はい、あります。

◆아뇨, 없어요.　　　いいえ、ありません。

◆숙제입니다.　　　　宿題です。

◆수고하셨습니다.　　お疲れ様でした。

안녕하세요？
こんにちは。

네 , 안녕하세요？
はい、こんにちは。

＊朝・昼・夜を問わない、会った時に使う挨拶の言葉です。よりフォーマルな場面では「안녕하십니까？」も使われます。

오래간만입니다 .　お久しぶりです。

＊久しぶりに会ったときに使いましょう。
「오랜만입니다」、「오랜만이에요」も使われます。

잘 지내셨어요？　　お元気でしたか。
네 , 잘 지냈어요 .　はい、元気でした。

＊たまに会ったときに安否を聞く意味も含めて、よく使われます。毎日会う人には使いません。

죄송합니다. ごめんなさい。

괜찮아요. 構いませんよ。

＊「ごめんなさい」には「미안합니다」もありますが、目上の方には「죄송합니다」のほうがより丁寧です。返答としては「아니에요. いいえ。」も可能です。

감사합니다.
ありがとうございます。

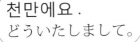

천만에요.
どういたしまして。

＊「고맙습니다」も感謝の言葉です。返答としては「아니에요. いいえ。」も可能です。

수고하셨습니다. お疲れさまでした。

잘 먹겠습니다 . 　いただきます。

잘 먹었습니다 . 　ご馳走様でした。

다녀오겠습니다 . 　行ってきます。
다녀오세요 . 　　　行ってらっしゃい。

안녕히 가세요 .
（去る人に）さようなら。

안녕히 계세요 .
（残る人に）さようなら。

안녕히 가세요 . 　（去る人に）さようなら。

안녕히 가세요 . 　　（去る人に）さようなら。

本 文 の 構 成

제~과（第～課）　タイトル（한국어・日本語）

●会話  ＊番号は音声の番号

語　彙

＜会話＞
・会話本文に登場した単語／＜　＞の中は韓国の漢字語
＜練習＞
・練習問題に出た単語
・発音の練習：会話をスムーズに読むための発音練習

文　型

ポイントとなる文型の説明。

基本文型練習

各課の文型を易しいものから練習できます。

応 用 練 習

基本文型を発展させた応用問題で練習します。
基本文型での単語を繰り返し使うことで暗記しやすくなる
よう工夫しました。

書いてみましょう

分かち書きや作文を練習します。

話してみましょう

今までの内容を声に出して練習して、自然な会話への応用
ができるようにしました。

聴いてみましょう

聴き取り問題を取り入れ、聴く能力がアップするようにし
ました。

제 1 과 저는 일본 사람입니다.
私は日本人です。

41

김수영 : 안녕하세요 ? 저는 김수영입니다 .

다나카 : 저는 다나카 아스카라고 합니다 . 일본 사람입
　　　　 니다 . 앞으로 잘 부탁합니다 .

김수영 : 만나서 반갑습니다 .

다나카 : 김수영 씨는 회사원입니까 ?

김수영 : 네 , 저는 회사원입니다 . 다나카 씨는 한국은 처
　　　　 음입니까 ?

다나카 : 네 , 처음입니다 .

語　彙　🎧42

▶ 会話

안녕하세요？　こんにちは(朝、昼、
　夜いつでも使える)
저　わたくし、わたし
- 은 / 는　助詞「は」
- 입니다　〜です
- 입니까 ?　〜ですか
-(이) 라고 합니다　〜と申します
　(直前の文字にパッチムがある と
　きは「- 이라고 합니다」、ないと
　きは「- 라고 합니다」)
일본 사람　日本人
앞으로　これから
잘 부탁합니다　よろしくお願いし
　ます
만나서 반갑습니다　お会いできて
　うれしいです
회사원　会社員
네　はい
한국　韓国
처음　はじめて

▶ 練習

주부　主婦
교사　教師
서울　ソウル
도쿄　東京 (「동경」とも言う)
학생　学生

▶ 発音を練習してみましょう

- 입니다 → (実際の発音) [임니다]
　:鼻音化（p174 参照）によって、パッチム「ㅂ」は「ㅁ」と発音される。
- 앞으로 → (実際の発音) [아프로]
　:連音化によって、パッチム「ㅍ」は次の「ㅇ」に移動して発音される。
- 사람입니다 → (実際の発音) [사라밈니다]
　: 連音化（p173 参照）と鼻音化によって発音が変わる。

文　型

－입니다（です）／－입니까？（ですか）

「- 입니다」は名詞に続く「（名詞）〜です」にあたる表現です。疑問文は「- 입니까？（〜ですか）」で、語尾のところを上げて発音します。それぞれの実際の発音は、以下のとおりです。

입니다 / 입니까？　→（実際の発音）［임니다/ 임니까？］

例）회사원입니다.（会社員です。）

학생입니까？（学生ですか。）

－은 / 는 （助詞「は」）

助詞「は」にあたる表現には「- 은 / 는」があります。直前の文字にパッチムがあるときは「- 은」が、パッチムがないときは「- 는」が使われます。

例）사람은（人は）／　회사는（会社は）

基本文型練習

1．（　　）の中に、適切な助詞「は」を入れなさい。

(1) 저（　　）　　　(2) 일본（　　）　　　(3) 주부（　　）

(4) 교사（　　）　　　(5) 서울（　　）　　　(6) 도쿄（　　）

2．次の日本語を韓国語にしなさい。

(1) 私は会社員です。　　　_____

(2) 韓国人ですか。　　　_____

(3) 学生ですか。　　　　　　　_____

(4) 東京は初めてですか。　　　_____

(5) よろしくお願いします。　　_____

書いてみましょう

３．分かち書きに注意して、「自己紹介」を書いてみましょう。

| 저 | 는 | | 일 | 본 | | 사 | 람 | 입 | 니 | 다 | . | 학 | 생 | 입 | 니 | 다 | . |
| 앞 | 으 | 로 | | 잘 | | 부 | 탁 | 합 | 니 | 다 | . | | | | | | |

| | | | | | | | | | | | | | | | | | |
| | | | | | | | | | | | | | | | | | |

話してみましょう

４．自己紹介をしてみましょう。

제 **2** 과 일본 사람이 아닙니다.
日本人ではありません。

43

（テレビを見ながら）

이영순 : 저 사람이 요코즈나입니까?

사　토 : 네, 그렇습니다.

이영순 : 일본 사람입니까?

사　토 : 아뇨, 일본 사람이 아닙니다. 몽골 사람입
　　　　니다.

이영순 : 그럼, 저 스모 선수는 어느 나라 사람입니까?

사　토 : 글쎄요……

語　彙　🎧44

▶会話

저 사람　あの人（指示詞「この」
　は「이」、「その」は「그」）

- 이 / 가　助詞「が」（直前の文字
　にパッチムがあるときは「이」、な
　いときは「가」）

그렇습니다　そうです（「そうです
　か」は、語尾を上げて「그렇습니
　까?」）

- 이 / 가 아닙니다　ではありませ
　ん（→文型参照）

몽골　モンゴル

그럼　では

스모 선수　相撲選手

어느 나라　どの国

글쎄요　そうですね…

▶練習

대학생　大学生

재일 교포＜在日僑胞＞　在日韓
　国人

중국 사람　中国人

영화 배우　映画俳優・女優

미국　アメリカ、米国

영국　イギリス、英国

대만　台湾

공무원　公務員

이름　名前

무엇　何

▶発音を練習してみましょう

・아닙니다 → （実際の発音）[아님니다]
　：鼻音化（p174 参照）によってパッチム「ㅂ」は「ㅁ」となる。

・사람이 → （実際の発音）[사라미]
　：連音化（p173 参照）によってパッチム「ㅁ」は次の「ㅇ」に移動して
　発音される。

文　型

- 이 / 가 아닙니다 （〜ではありません）

　「- 이 / 가 아닙니다」は「名詞＋ではありません」になります。直前の文字にパッチムがある場合は「- 이」を、パッチムがない場合には「- 가」を使います。一方、「名詞＋ではありませんか。」の疑問文は「- 이 / 가　아닙니까?」になります。

　　例）한국 사람이 아닙니다.（韓国人ではありません。）
　　　　배우가 아닙니다.　　（俳優ではありません。）
　　　　일본 사람이 아닙니까?（日本人ではありませんか。）
　　　　가수가 아닙니까?　（歌手ではありませんか。）

- 이 / 가 （助詞「が」）

　助詞として使われる「- 이 / 가」は「〜が」にあたる表現です。直前の文字にパッチムがあるときは「- 이」が、パッチムがないときは「- 가」が使われます。

　　例）일본이（日本が）　／　회사가（会社が）

基本文型練習

1．次の文を否定文にしなさい。肯定文は「- 이 / 가 아닙니다」に、疑問文は「- 이 / 가 아닙니까?」にしなさい。

(1) 저는 한국 사람입니다.　→　_____

(2) 대학생입니다.　→　_____

(3) 재일 교포입니다.　→　_____

(4) 서울은 처음입니다.　→　_____

(5) 중국 사람입니까?　→　_____

(6) 영화 배우입니까?　→　_____

２．（　　）の中に適切な助詞「が」を入れなさい。

(1) 저 사람 (　)　　　　(2) 한국 (　)　　　　(3) 주부 (　)

(4) 가수 (　)　　　　　(5) 공무원 (　)　　　(6) 서울 (　)

応 用 練 習

３．次を見て、質問に適切に答えなさい。

(1) ＜마이클 : 미국 사람 / 학생＞

　　Q : 마이클 씨는 영국 사람입니까?

　　A : 아뇨 ,＿＿＿＿＿＿＿＿＿＿＿＿＿＿

　　Q : 마이클 씨는 학생입니까?

　　A : ＿＿＿＿＿＿＿＿＿＿＿＿＿＿＿＿

(2) ＜안나 : 영국 사람 / 회사원＞

　　Q : 안나 씨는 주부입니까?

　　A : 아뇨 , ＿＿＿＿＿＿＿＿＿＿＿＿＿

　　Q : 안나 씨는 어느 나라 사람입니까?

　　A : ＿＿＿＿＿＿＿＿＿＿＿＿＿＿＿＿

(3) ＜슈 : 대만 사람 / 주부＞

　　Q : ＿＿＿＿＿＿＿＿＿＿＿＿＿＿＿

　　A : ＿＿＿＿＿＿＿＿＿＿＿＿＿＿＿

　　Q : ＿＿＿＿＿＿＿＿＿＿＿＿＿＿＿

　　A : ＿＿＿＿＿＿＿＿＿＿＿＿＿＿＿

４．次の質問に自分のことについて答えなさい。

(1) Q : 한국 사람입니까?　　　　A : ＿＿＿＿＿＿＿＿＿＿＿

(2) Q : 학생입니까?　　　　　　A : ＿＿＿＿＿＿＿＿＿＿＿

(3) Q : 회사원입니까?　　　　　A : ＿＿＿＿＿＿＿＿＿＿＿

(4) Q : (ソウルにいる想定で) 서울은 처음입니까?

　　　　　　　　　　　　　A : ＿＿＿＿＿＿＿＿＿＿＿

5. 次の質問を先生又は隣の人に韓国語で尋ねて、その答えも韓国語で言いましょう。

(1) 先生は（又は○○さんは）大学生ですか。

(2) 先生は（又は○○さんは）公務員ですか。

(3) 先生は（又は○○さんは）主婦ですか。

(4) 東京は初めてですか。

(5) マイケルジャクソンは映画俳優ですか。

(6) マイケルジャクソンはどの国の人ですか。

6. 音声を聞いて質問に韓国語で答えなさい。

(1) 이 사람은 이름이 무엇입니까?

(2) 이 사람은 어느 나라 사람입니까?

(3) 이 사람은 학생입니까?

(4) 이 사람은 일본이 처음입니까?

7. 分かち書きに注意して、次の韓国語を書いてみましょう。

저	는		한	국		사	람	이		아	닙	니	다	.
어	느		나	라		사	람	입	니	까	?			

◆ 語彙の補足：職業 ◆

공무원 （公務員）

교사 （教師）

약사 （薬剤師）

의사 （医者）

간호사 （看護師）

비서 （秘書）

영화 배우 （映画俳優）

가수 （歌手）

개그맨 （お笑いタレント）

스포츠 선수 （スポーツ選手）

아나운서 （アナウンサー）

주부 （主婦）

대학생 （大学生）

고등학생 （高校生）

유학생 （留学生）

제 **3** 과 그건 뭐예요?
それは何ですか。

마쓰이 : 그건 뭐예요?

최현경 : 이건 오이 김치예요.

마쓰이 : 이것도 김치예요?

최현경 : 아뇨, 김치가 아니에요. 그건 나물이에요.

맛이 어때요?

마쓰이 : 맛있어요.

語　彙　🎧 47

▶ 会話

그건　それは。「그것은」の縮約形
뭐예요?　何ですか。「뭐」は「무엇」の縮約形
이건　これは。「이것은」の縮約形
오이　きゅうり
이것　これ
- 도　助詞「も」
나물　ナムル
맛　味
어때요?　どうですか
맛있어요　おいしいです

▶ 練習

지도　地図
술　お酒
사진　写真
컴퓨터　コンピューター
시계　時計

▶ 発音を練習してみましょう

・이것도 →（実際の発音）[이걷또]
　:濃音化によって、パッチム「ㅅ（代表音ㄷ）」の後の「ㄷ」は濃音化される。
・나물이에요 →（実際の発音）[나무리에요]
・맛이 →（実際の発音）[마시]

◆指示詞 이, 그, 저（こ、そ、あ）

　日本語の指示詞の「こ、そ、あ」が位置を示すときは、それぞれ「이, 그, 저」にあたります。話し手に近いもの、相手（聞き手）に近いもの、どちらからも遠いものをそれぞれ示しています。

<書きことば/話しことば>

これ　이것 / 이거	これは　이것은 / 이건	これが　이것이 / 이게
それ　그것 / 그거	それは　그것은 / 그건	それが　그것이 / 그게
あれ　저것 / 저거	あれは　저것은 / 저건	あれが　저것이 / 저게

文　型

- 예요 / 이에요 （〜です）

「〜です」にあたる表現には「- 입니다」（第1課）以外にも「- 예요」（直前の文字にパッチムがない場合）または「- 이에요」（直前の文字にパッチムがある場合）の表現があります。疑問文の場合は、語尾を上げて「- 예요？／ - 이에요？（ですか。）」になります。

例）　교사예요？（教師ですか。）　／　주부예요 .（主婦です。）
　　　학생이에요？（学生ですか。）　／　회사원이에요 .（会社員です。）

「- 예요 / 이에요」と「- 입니다」は、どちらも丁寧な表現ですが、そのニュアンスはやや異なります。

- 예요 / 이에요	- 입니다
日常会話など、インフォーマルな場面でよく使われる。	公的な場のようにフォーマルな場面でよく使われる。
女性がよく使い、やわらかい感じがする。ソウルでは男性もよく使う。	男性がよく使い、より堅い感じがする。

- 이 / 가 아니에요 （〜ではありません）

「〜ではありません」にあたる表現の「- 이 / 가 아닙니다」（第2課）は、日常生活では「- 이 / 가 아니에요」のほうがより使われます。直前の文字にパッチムがあるときは「- 이 아니에요」を、ないときは「- 가 아니에요」が使われます。

例）　한국 사람이 아니에요 .（韓国人ではありません。）
　　　교사가 아니에요 .（教師ではありません。）

基本文型練習

1．次の「- 입니다 / 입니까 ?」の文型を「- 예요／이에요」に変えなさい。

(1) 일본 사람입니다 .

　　　　　　　→ _____

(2) 처음입니까 ?

　　　　　　　→ _____

(3) 가수입니다 .

　　　　　　　→ _____

(4) 서울입니까 ?

　　　　　　　→ _____

(5) 회사원입니다 .

　　　　　　　→ _____

(6) 주부입니까 ?

　　　　　　　→ _____

2．次の肯定文を否定文の「- 이／가 아니에요」に変えなさい。

(1) 이건 지도예요 .

　　　　　　　→ _____

(2) 그건 술이에요 .

　　　　　　　→ _____

(3) 저건 사진이에요 .

　　　　　　　→ _____

(4) 이게 컴퓨터예요 .

　　　　　　　→ _____

(5) 저는 한국 사람이에요 .

　　　　　　　→ _____

(6) 저는 교사예요 .

　　　　　　　→ _____

３．次のように質問に答えなさい。

＜보기＞

가 : 그건 뭐예요?
나 : 이건 김치예요.

(1)

가 : 이건 뭐예요?
나 : ＿＿＿＿＿＿＿＿＿

(2)

가 : ＿＿＿＿＿＿＿＿＿
나 : ＿＿＿＿＿＿＿＿＿

(3)

가 : ＿＿＿＿＿＿＿＿＿
나 : ＿＿＿＿＿＿＿＿＿

(4) 教室や身の回りにあるものについてやり取りをしてみましょう。

書いてみましょう

４．次の文章を縮約形や「- 예요 /- 이에요」体にして書き直しなさい。

> 그것은 무엇입니까? 이것은 김치입니다. 그럼, 저것도 김치입니까?
> 저것은 김치가 아닙니다. 나물입니다.

↓

그건 뭐예요? --

◆ 語彙の補足：私の部屋 ◆

① 책상	② 의자	③ 책장	④ 컴퓨터	⑤ 잡지
⑥ 가방	⑦ 책	⑧ 침대	⑨ 시계	⑩ 달력
⑪ 창문	⑫ 에어컨	⑬ 테이블	⑭ 소파	⑮ 옷장
⑯ 쓰레기통	⑰ 문			

제 4 과 약속이 있습니다 .

約束があります。

🎧 48

박성현 : 아스카 씨 , 오늘 약속이 있습니까 ?

아스카 : 네 , 있습니다 .

박성현 : 어디에서 약속이 있습니까 ?

아스카 : 종로에서 친구하고 약속이 있습니다 .

박성현 : 내일도 약속이 있습니까 ?

아스카 : 내일은 없습니다 . 하지만 수업이 있습니다 .

語　彙　(49)

▶ 会話

오늘　今日
약속　約束
있습니까？　ありますか／いますか
있습니다　あります／います
어디　どこ
- 에서　場所を表す助詞「で」
종로［종노］（地名）鐘路（ソウル
　の繁華街）
친구　友達
- 하고　助詞「と」
내일　明日
없습니다　ありません／いません
하지만　でも、しかし
수업　授業

▶ 練習

남동생　弟
여동생　妹
남자 친구　彼氏、ボーイフレンド
여자 친구　彼女、ガールフレンド
언니　（女性からの）姉
누나　（男性からの）姉
볼펜　ボールペン
한국어 사전　韓国語の辞書
휴대폰　携帯電話
시간　時間
회의　会議
아르바이트　アルバイト
누구　誰
백화점　デパート
어머니　お母さん
오빠　（女性からの）兄
형　（男性からの）兄
커피숍　コーヒーショップ
식당　食堂

▶ 発音を練習してみましょう

・약속이 → （実際の発音）[약쏘기]
　：濃音化によってパッチム「ㄱ」のあとの「ㅅ」は→「ㅆ」となり、連
　音化によって「속」のパッチム「ㄱ」は移動して［기］の発音になります。
・없습니다 → （実際の発音）[업씀니다]
　：二重パッチムの「ㅄ」の発音は、［ㅂ］になって［업습니다］になりま
　すが、パッチム「ㅂ」により濃音化され［업씁니다］になります。さら
　に、「습」のパッチム「ㅂ」は鼻音化され［ㅁ］の音になります。

文 型

있습니다 / 있어요 （あります・います）

「あります・います」にあたる表現は「있습니다」であり、疑問文は語尾を上げて「있습니까?」になります。よりインフォーマルでやわらかい言い方は「있어요 / 있어요?」で、日常会話でよく使われます。

例) 친구가 있습니다. / 있어요. （友達がいます。）

　　애인이 있습니까? / 있어요? （恋人がいますか。）

　　식당이 있습니다. / 있어요. （食堂があります。）

　　회의가 있습니까? / 있어요? （会議がありますか。）

없습니다 / 없어요 （ありません・いません）

「ありません・いません」にあたる表現は「없습니다」であり、疑問文は語尾を上げて「없습니까?」になります。よりインフォーマルでやわらかい言い方は「없어요 / 없어요?」になります。

例) 친구가 없습니다. / 없어요. （友達がいません。）

　　기무라 씨는 없습니까? / 없어요? （木村さんはいませんか。）

　　시간이 없습니다. / 없어요. （時間がありません。）

　　회의가 없습니까? / 없어요? （会議がありませんか。）

基本文型練習

1. 次の下線に適切な韓国語を書きなさい。

(1) 弟／妹がいますか。　남동생 / 여동생이 ＿＿＿＿＿＿＿＿＿＿

(2) 彼氏／彼女はいますか。남자 친구 / 여자 친구는 ＿＿＿＿＿＿＿＿＿

(3) 姉はいませんか。　언니 / 누나는 ＿＿＿＿＿＿＿＿＿

(4) ボールペンがありますか。　볼펜이 ＿＿＿＿＿＿＿＿＿

(5) 携帯電話はあります。　휴대폰은 ＿＿＿＿＿＿＿＿＿

(6) 韓国語の辞書はありません。　한국어 사전은 ＿＿＿＿＿＿＿＿＿

(7) 時間がありますか。　＿＿＿＿＿＿＿＿＿＿＿＿

(8) 会議はありませんか。　＿＿＿＿＿＿＿＿＿＿＿

(9) アルバイトがあります。　＿＿＿＿＿＿＿＿＿＿＿＿

2. (　　　) の中に語句を入れて文を作りなさい。

> A : 어디에서 누구하고 약속이 있습니까 ?
> B : (　　)에서 (　　)하고 약속이 있습니다 .

(1) 백화점 --- 어머니

＿＿＿＿＿＿＿＿＿＿＿＿＿

(2) 신주쿠 --- 오빠 / 형

＿＿＿＿＿＿＿＿＿＿＿＿＿

(3) 커피숍 --- 친구

＿＿＿＿＿＿＿＿＿＿＿＿＿

(4) 한국 식당 --- 동생

＿＿＿＿＿＿＿＿＿＿＿＿＿

3．次のカードから１つ（自分の予定にあたります）選び、自分の予定を頭に入れておいて相手と＜보기＞のようにやってみましょう。

＜보기＞ | 自分のカード：오늘 학교에서 친구하고 약속이 있습니다.
내일은 약속이 없습니다.

友達：오늘 약속이 있어요 ? ／ 私：네 , 친구하고 약속이 있어요 .
友達：어디에서 약속이 있어요 ? ／ 私：학교에서 약속이 있어요 .
友達：내일도 약속이 있어요 ? ／ 私：아뇨 , 내일은 약속이 없어요 .

カードＡ：오늘 백화점에서 어머니하고 약속이 있습니다.
내일은 약속이 없습니다.

カードＢ：오늘 약속이 없습니다.
내일은 신주쿠에서 여자 (남자) 친구하고 약속이 있습니다.

カードＣ：오늘 회사에서 회의가 있습니다.
내일도 회사에서 회의가 있습니다.

カードＤ：오늘 남자 (여자) 친구하고 커피숍에서 약속이 있어요.
내일은 수업이 있어요.

カードＥ：오늘은 동생하고 식당에서 약속이 있어요.
내일은 아르바이트가 있어요.

4．隣の人（又は先生）に今日と明日約束があるかどうかを尋ねてみましょう。

◆ 語彙の補足：家族 ◆

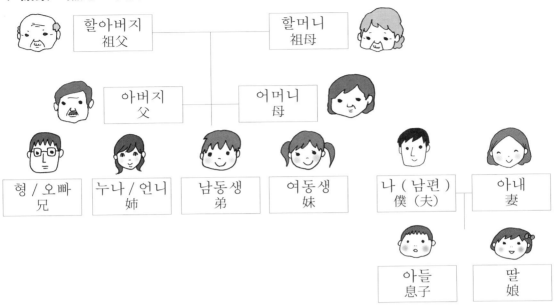

할아버지 祖父	할머니 祖母
아버지 父	어머니 母

형 / 오빠 兄	누나 / 언니 姉	남동생 弟	여동생 妹	나 (남편) 僕（夫）	아내 妻

아들 息子	딸 娘

◆ 語彙の補足：場所 ◆

지하철역 （地下鉄の駅）　　버스 정류장 （バス停）　　공항 （空港）

우체국 （郵便局）　　　　은행 （銀行）　　　PC 방 （ネットカフェ）

호텔 （ホテル）　　노래방 （カラオケボックス）　　편의점 （コンビニ）

제 5 과 회사는 어디에 있어요 ?

会社はどこにありますか。

50

하야시 : 경훈 씨 , 회사는 어디에 있어요 ?

손경훈 : 강남에 있어요 .

하야시 : 강남역 근처에 있습니까 ?

손경훈 : 네 , 강남역 앞에 있습니다 .

하야시 : 회사 일은 재미있습니까 ?

손경훈 : 네 , 재미있습니다 .

語　彙　🎧51

▶会話

회사　会社
- 에　位置を示す助詞「〜に」
있어요？　ありますか
강남　（地名）江南
근처　近く
앞　（位置）前
일　仕事
재미있습니다　おもしろいです

▶練習

가방　カバン
책상　机
모자　帽子
핸드폰　携帯電話
지갑　財布
우산　傘
의자　椅子
집　家
누가　誰が
편의점＜便宜店＞　コンビニ
화장실　トイレ
은행　銀行
버스 정류장＜－停留場＞バス停
지하철역　地下鉄の駅
공원　公園
우체국　郵便局
소파　ソファ

▶発音を練習してみましょう

連音化（p 173 参照）は頻繁に見られるので充分に練習しましょう。
・역 앞에 →（実際の発音）[여가페]
・일은 →（実際の発音）[이른]

－ 에 있어요　（〜にあります・います）

位置の「〜に」は「- 에」が使われます。

위	밑 / 아래	옆	앞	뒤	안	밖	오른쪽	왼쪽	맞은편
上	下	横	前	後ろ	中	外	右	左	向かい側

例）가 : 가방은 어디에 있어요 ?　（カバンはどこにありますか。）
　　나 : 책상 위에 있어요 .　（机の上にあります。）

　　가 : 가방 안에 뭐가 있어요 ?　（カバンの中に何がありますか。）
　　나 : 아무것도 없어요 .　（何もありません。）

　　가 : 교실 안에 누가 있어요 ?　（教室の中に誰がいますか。）
　　나 : 아무도 없어요 .　（誰もいません。）

基本文型練習

1 ．次の絵を見て、質問に答えなさい。

(1) 사진은 어디에 있어요?　　사진은 ＿＿＿＿＿＿＿ 있어요.

(2) 모자는 어디에 있어요?　　모자는 ＿＿＿＿＿＿＿ 있어요.

(3) 핸드폰은 어디에 있어요?　핸드폰은 ＿＿＿＿＿＿＿ 있어요.

(4) 지갑은 어디에 있어요?　　지갑은 ＿＿＿＿＿＿＿ 있어요.

(5) 책상 옆에 뭐가 있어요?　책상 옆에 ＿＿＿＿＿＿＿ 있어요.

(6) 의자 밑에 뭐가 있어요?　의자 밑에 ＿＿＿＿＿＿＿ 있어요.

(7) 가방 안에 뭐가 있어요?　가방 안에 ＿＿＿＿＿＿＿ 있어요.

(8) 집 밖에 누가 있어요?　　집 밖에 ＿＿＿＿＿＿＿ 있어요.

2. 次の場所はどこにあるか、＜보기＞のように言ってみましょう。

＜보기＞ 편의점

가 : 편의점은 어디에 있어요?
나 : 편의점은 식당 옆에 있어요.

(1) 은행

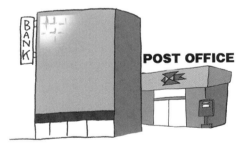

(2) 버스 정류장

(3) 화장실

(4) 지하철역

공원

３．次の質問に対して自分のことを話してみましょう。

(1) 가방은 어디에 있어요？→_____

(2) 가방 안에 뭐가 있어요？→_____

(3) 회사 (又は학교) 는 어디에 있어요？→_____

(4) 회사 (又は학교) 앞에 뭐가 있어요？→_____

(5) 집 근처에 뭐가 있어요？→_____

(6) ○○ 씨 옆에 뭐가 있어요？→_____

(7) ○○ 씨 옆에 누가 있어요？→_____

４．以下の品物を先生の指示どおりに絵の中に書いてみましょう。書き終わったら、(隣の人又は先生に) 確認してみましょう。

　例) 教師：책은 소파 위에 있어요
　　　学生：イラストの「ソファ」に「책」と書く。

(1) 모자　　　(2) 핸드폰　　　(3) 우산　　　(4) 지갑　　　(5) 사토 씨

聴いてみましょう 52

５．音声を聴いて質問に韓国語で答えなさい。

(1) 내일은 누구하고 약속이 있어요？

(2) 내일 지하철역에서 약속이 있어요？

(3) 식당은 회사 앞에 있어요？

● Review（第1課～第5課）

1．日本語の単語は韓国語に、韓国語の単語は日本語にしなさい。

(1) はじめて　　　(2) デパート　　　(3) でも　　　　(4) どの国

(5) 학생　　　　　(6) 수업　　　　　(7) 근처　　　　(8) 화장실

2．次の助詞の中から下線部に適切なものを選んで入れなさい。

> － 에서 , － 에 , － 하고 , － 도 , －(이) 라고 , － 이 / 가 , － 은 / 는

(1) 회사는 어디＿＿＿＿＿ 있어요？
(2) 저는 내일 친구＿＿＿＿＿ 식당에서 약속이 있습니다 .
(3) 어디＿＿＿＿＿ 약속이 있어요？
(4) 저는 다나카＿＿＿＿＿ 합니다 .
(5) 저는 한국 사람＿＿＿＿＿ 아닙니다 .
(6) 지금 역 앞＿＿＿＿＿ 있어요 .

3．次の文章を読んで質問に答えなさい。

> 　저는 사이토 아키라입니다 . 일본 사람입니다 . 회사원입니다 . 회사는 요코하마에 있습니다 . 회사 맞은편에 한국 식당하고 편의점이 있습니다 . 회사 뒤에는 우체국이 있습니다 .

(1) 이 사람은 이름이 뭐예요？　＿＿＿＿＿＿＿＿＿＿＿＿＿＿
(2) 어느 나라 사람이에요？　＿＿＿＿＿＿＿＿＿＿＿＿＿＿
(3) 학생이에요？　＿＿＿＿＿＿＿＿＿＿＿＿＿＿
(4) 회사는 어디에 있어요？　＿＿＿＿＿＿＿＿＿＿＿＿＿＿
(5) 회사 맞은편에 우체국이 있어요？　＿＿＿＿＿＿＿＿＿＿＿＿＿＿

제 6 과 주말에는 뭐 합니까 ?
週末は何をしますか。

사나에 : 주말에는 보통 뭐 합니까 ?

정원제 : 집에서 쉽니다 . 그리고 가끔 친구를 만납니다 .
  사나에 씨는요 ?

사나에 : 저는 집에서 청소를 하고 스포츠센터에서 수영을
  합니다 .

정원제 : 스포츠센터에는 혼자 갑니까 ?

사나에 : 네 , 보통 혼자 갑니다 .

語 彙　(54)

▶ 会話

주말에는　週末(に)は(「- 에」は時間を表す助詞「〜に」)

보통　普通

- 을 / 를　助詞「〜を」(直前の文字にパッチムがあるときは「- 을」、ないときは「- 를」)

합니까 ?　しますか

쉽니다　休みます(基本形「쉬다」)

그리고　そして

가끔　たまに

(- 을 / 를) 만납니다　(〜に)会います

사나에 씨는요 ?　さなえさんは?(相手の発話を繰り返さず丁寧に聞き返すとき「- 요」をつける)

例)誰とですか。「누구하고요 ?」

청소　掃除

수영　水泳

- 에는　(場所)〜へは、〜には。(「- 에」は移動の場所を表す助詞)

혼자　一人で

▶ 練習

운동하다　運動する

술을 마시다　お酒を飲む

밥을 먹다　ご飯を食べる

음악을 듣다　音楽を聴く

책을 읽다　本を読む

인터넷　インターネット

자다　寝る

스포츠센터　スポーツセンター

빨래　洗濯

에어로빅　エアロビクス

주로　主に

같이 [가치]　一緒に

▶ 発音を練習してみましょう

・주말에는 → (実際の発音) [주마레는]：連音化（p173）参照

・합니까 ? → (実際の発音) [함니까]：鼻音化（p174）参照

・집에서 → (実際の発音) [지베서]：連音化（p173）参照

－ ㅂ / 습니다 （～ます・です）

　　動詞や形容詞（以下、「用言」とも称します）の語幹に「- ㅂ니다 /- 습니다」をつけ、丁寧な表現「～ます／～です」を示します。語幹にパッチムがない場合には「- ㅂ니다」を、パッチムがある場合には「- 습니다」をつけます。疑問文は「- ㅂ니까 ?/ 습니까 ?」になります。

例）

基本形	語幹 + ㅂ / 습니다	～ます・です／～ますか・ですか	
가다 （行く）	가 + ㅂ니다	갑니다 /	갑니까 ?
있다 （ある）	있 + 습니다	있습니다 /	있습니까 ?
바쁘다 （忙しい）	바쁘 + ㅂ니다	바쁩니다 /	바쁩니까 ?
좋다 （良い）	좋 + 습니다	좋습니다 /	좋습니까 ?

＊이다 → 입니다、아니다 → 아닙니다

注意！）語幹のパッチムに「ㄹ」がある場合には、「ㄹ」が脱落して「- ㅂ니다」がつきます。

　　例） 살다 （住む） → 사 (ㄹ脱落) ＋ - ㅂ니다 → 삽니다 （住んでいます）
　　　　 멀다 （遠い） → 머 (ㄹ脱落) ＋ - ㅂ니다 → 멉니다 （遠いです）

－ 고 （並列：～して、～くて）

　　用言の語幹に「- 고」をつけて並列の「～て、～くて」を示します。事柄の 3 件以上を並列する際は「- 고 - 고」のように付け加えることもできます。

　　例） 에어로빅을 하고 수영을 합니다 .
　　　　 （エアロビクスをやって泳ぎます。）

　　　　 영화를 보고 밥을 먹고 커피를 마십니다 .
　　　　 （映画を観て、ご飯を食べて、コーヒーを飲みます。）

基本文型練習

1. 動詞を適切な形に直して空欄を埋めなさい。

	－ㅂ/습니다	－ㅂ/습니까?		－ㅂ/습니다	－ㅂ/습니까?
가다（行く）			먹다（食べる）		
오다（来る）			듣다（聞く）		
타다（乗る）			읽다（読む）		
마시다（飲む）			묻다（尋ねる）		
보다（見る）			있다（ある）		
만나다（会う）			살다（住む）		
사다（買う）			만들다（作る）		
말하다（言う）			알다（知る）		

2. 次の二つの文を「- 고」を使って、一文にしなさい。

(1) 영화를 보다（映画を観る）＋ 식사하다（食事する）

→ _____

(2) 요리하다（料理する）＋ 청소하다（掃除する）

→ _____

(3) 운동하다（運動する）＋ 쉬다（休む）

→ _____

(4) 술을 마시다（お酒を飲む）＋ 밥을 먹다（ご飯を食べる）

→ _____

(5) 일하다（仕事する）＋ 운동하다（運動する）＋ 자다（寝る）

→ _____

(6) 음악을 듣다（音楽を聴く）＋ 책을 읽다（本を読む）＋

인터넷을 하다（インターネットをする）

→ _____

3．次の文章を読んで、質問に答えなさい。

> 　박선영 씨는 회사원입니다. 선영 씨는 주말에 보통 집에서 청소하고 빨래합니다. 그리고 스포츠센터에서 에어로빅을 합니다. 스포츠센터에는 주로 혼자 갑니다. 하지만 가끔 여동생하고 같이 갑니다.

(1) 선영 씨는 학생이에요?

(2) 선영 씨는 주말에 주로 뭐 합니까?

(3) 스포츠센터에서 무엇을 합니까?

(4) 스포츠센터에는 혼자 갑니까?

話してみましょう

4．隣の人（又は先生）に週末の出来事について聞きましょう。

書いてみましょう

5．週末の出来事について書いてみましょう。

> 　저는 주말에 주로 --
> --
> --
> --
> --
> --

◆ 語彙の補足：基本動詞 ◆

가다（行く）

오다（来る）

먹다（食べる）

마시다（飲む）

보다（見る）

만나다（会う）

자다（寝る）

읽다（読む）

하다（する）

사다（買う）

살다（住む）

말하다（言う）

듣다（聴く）

묻다（尋ねる）

알다（知る）

모르다（知らない）

만들다（作る）

쉬다（休む）

쓰다（書く）

다니다（通う）

공부하다（勉強する）

운동하다（運動する）

일하다（働く）

좋아하다（好む）

결혼하다（結婚する）

사랑하다（愛する）

그렇게 멀지 않습니다.

そんなに遠くありません。

55

학교 수업은 월요일부터 금요일까지 있습니다.

토요일과 일요일에는 학교에 안 갑니다.

집에서 학교까지는 그렇게 멀지 않습니다.

토요일에는 주로 친구와 명동에서 쇼핑을 합니다.

명동은 별로 비싸지 않습니다.

그리고 일요일 저녁에는 가끔 외식합니다.

語　彙　🎧56

▶ 会話

- 부터　時間の出発点を表す助詞「～から」
- 까지　時間・場所の到着点を表す助詞「～まで」
- 와 / 과　助詞「～と」（書き言葉で使う。直前の文字にパッチムがないときは「- 와」、あるときは「- 과」。例：오늘과 내일）
- 에　時間を表す助詞「～に」
- 에서　場所の出発点を表す助詞「～から」

그렇게　そんなに
멀지 않습니다　遠くありません。
　（基本形「멀다」）
쇼핑　ショッピング
별로　あまり、別に（否定文で使う）
비싸지 않습니다　（値段）高くありません
저녁　夕方
외식하다　外食する

▶ 練習

매일　毎日
여기　ここ
아침 식사　朝食
살다　住む
바쁘다　忙しい
자주　しょっちゅう
모레　あさって
공부　勉強
이번 주　今週
음식　飲食、食べ物、料理
맵다　辛い

▶ 発音を練習してみましょう

・않습니다 →（実際の発音）[안씀니다]：濃音化と鼻音化
・학교 →（実際の発音）[학꾜]：濃音化
・외식합니다 →（実際の発音）[외시캄니다]
　：激音化によってパッチム「ㄱ」のあとの「ㅎ」は→ [ㅋ] となる。

안 - / - 지 않습니다 （否定文）

　動詞や形容詞の否定表現には「안 -」「- 지 않다」の２つのパターンがあります。それぞれの丁寧体は「안 +（語幹） ㅂ / 습니다」と「（語幹）＋지 않습니다」になります。

　　例）읽다（読む） → 안 읽습니다 . / 읽지 않습니다 .（読みません。）

　　　　멀다（遠い） → 안 멉니다 . 　/ 멀지 않습니다 .（遠くありません。）

　　　　좋아하다（好きだ） → 안 좋아합니다 . / 좋아하지 않습니다 .
　　　　　　　　　　　　　　　　　　　　　　（好きではありません。）

ただし、「名詞（을 / 를）하다」の否定文は、名詞の前に「안」は付けることができませんので、気を付けてください。

　　例）공부하다（勉強する） → （×）안 공부합니다 .
　　　　　　　　　　　　　　　（○）공부（를）안 합니다 .
　　　　　　　　　　　　　　　（○）공부（를）하지 않습니다 .

（時間）- 부터 - 까지 （〜から〜まで）
（場所）- 에서 - 까지 （〜から〜まで）

　出発点を表す助詞「〜から」は、時間の場合は「- 부터」を、場所の場合は「- 에서」を使います。到着点はどちらも「- 까지」になります。

　　例）오늘부터 모레까지 （今日からあさってまで）

　　　　일본에서 한국까지 （日本から韓国まで）

基本文型練習

1．次の空欄に適切な否定文を書きなさい。

	안 -	– 지 않습니다
가다 (行く)		가지 않습니다
오다 (来る)		
먹다 (食べる)	안 먹습니다	
마시다 (飲む)		
보다 (見る)		
만나다 (会う)		
맵다 (辛い)		
바쁘다 (忙しい)		
많다 (多い)		
말하다 (言う)	말 (을) 안 합니다	
운동하다 (運動する)		

2．次の文を否定形の「안 -/- 지 않습니다」に変えなさい。

(1) 매일 회사에 가다

→ _____

(2) 내일 여기에 오다

→ _____

(3) 집에서 아침 식사를 하다

→ _____

(4) 도쿄에서 살다

→ _____

(5) 내일 바쁘다

→ _____

(6) 한국 음식을 자주 먹다

→ _____

3．次の_____に適切な助詞を選びなさい。

－ 을 / 를　－ 에　－ 까지　－ 에서　－ 부터　－ 와 / 과　－ 도

(1) 집_____ 회사_____ 멉니다.　（家から会社まで遠いです。）

(2) 내일_____ 모레는 바쁩니다.　（明日とあさっては忙しいです。）

(3) 토요일_____ 갑니다.　（土曜日に行きます。）

(4) 친구_____ 만납니다.　（友達に会います。）

(5) 아침_____ 저녁_____일합니다.　（朝から夕方まで働きます。）

(6) 여기_____ 일합니까?　（ここで働きますか。）

応用練習

4．自分のことについて答えてみましょう。

(1) 요코하마에 삽니까? → _____

(2) 집에서 여기까지 멉니까? → _____

(3) 내일도 여기에 옵니까? → _____

(4) 이번 주는 바쁩니까? → _____

(5) 일요일에도 회사 (又は 학교) 에 갑니까? → _____

(6) 매일 한국어를 공부합니까? → _____

(7) 매일 집에서 아침 식사를 합니까? → _____

(8) 한국 음식을 자주 먹습니까? → _____

(9) 한국 음식은 맵습니까? → _____

話してみましょう

5．上の応用練習の質問からいくつか選んで、隣の人（又は先生）に質問しましょう。

◆ 語彙の補足：形容詞 ◆

좋다（良い）⇔　나쁘다（悪い）

크다（大きい）⇔작다（小さい）

많다（多い）⇔적다（少ない）

₩100　　　₩50,000
싸다（安い）⇔비싸다（高い）

덥다（暑い）⇔춥다（寒い）　재미있다（面白い）⇔재미없다（面白くない）

맛있다（おいしい）⇔맛없다（まずい）　멀다（遠い）⇔가깝다（近い）

무겁다（重い）⇔　가볍다（軽い）　　　높다（高い）⇔낮다（低い）

$\int 3x^2 dx = x^3 + C$　　1 + 1 = 2

길다（長い）⇔짧다（短い）　어렵다（難しい）⇔쉽다（易しい）

제 8 과 언제 갑니까?

いつ行きますか。

정은아 　　　: 한국은 언제 갑니까?

사카모토 : 9 월 6 일에 갑니다 .

정은아 　　　: 일본에 언제 옵니까?

사카모토 : 10 일에 옵니다 .

정은아 　　　: 비행기 값은 얼마예요?

사카모토 : 왕복으로 2 만 3 천엔이에요 .

정은아 　　　: 싸네요 .

語　彙 58

▶ 会話

언제　いつ

비행기　飛行機

값　値段

얼마예요 ?　いくらですか

왕복으로　往復で(「片道」は「편도」)

싸네요　安いですね

▶ 練習

년　年

생일 <生日>　誕生日

결혼기념일　結婚記念日

창립기념일　創立記念日

시험　試験

어린이날　子どもの日

크리스마스　クリスマス

치마　スカート

바지　ズボン

목걸이　ネックレス

전철비　<電鉄費> 電車代

택시　タクシー

기본요금 <基本料金>　初乗り料金

김치찌개　キムチ鍋

날씨　天気

덥다　暑い

옷　服

예쁘다　きれいだ、かわいい

발음　発音

어렵다　難しい

머리　髪の毛

길다　長い

잘하다　上手だ

전화번호　電話番号

도착　到着

무슨 요일　何曜日 (「무엇 (何)」
の後ろに名詞が来ると「무슨」に
なります)
例) 무슨 음식을 좋아합니까 ?
(何の食べ物が好きですか。)

▶ 発音を練習してみましょう

・한국은 → (実際の発音) [한구근]

・10 일에 (십일에) → (実際の発音) [시비레]

・값은 → (実際の発音) [갑쓴] : 二重パッチムの後、「ㅇ」が来る場合、
後ろのパッチム (ここでは「ㅅ」) が「ㅇ」に移動して発音される。さらに、
パッチムの「ㅂ」があるので濃音化される。

文 型

漢字語数詞

　韓国語の数詞には漢字語の数詞と固有語の数詞（第10課参照）があります。漢字語数詞は、漢字の音読みにあたるもので、日にちや値段、番号などを数えるときに使われます。

1	2	3	4	5	6	7	8	9	10
일	이	삼	사	오	육	칠	팔	구	십
11	12	13	14	15	16*	17	18	19	20
십일	십이	십삼	십사	십오	십육	십칠	십팔	십구	이십
30	40	50	60	70	80	90	100	千	万
삼십	사십	오십	육십	칠십	팔십	구십	백	천	만

0は、공 / 영　*16 (십육) の発音は [심뉵]

▼日付（- 월／月）：何月ですか（**몇 월*** 이에요 ?）

1月	2月	3月	4月	5月	6月	7月	8月	9月	10月	11月	12月
일월	이월	삼월	사월	오월	유월	칠월	팔월	구월	시월	십일월	십이월

* 몇 월の発音は [며뒬]　、6月、10月の読み方に注意。

先月 (지난달) ― 今月 (이번 달) ― 来月 (다음 달)

▼日付（- 일／日）：何日ですか（**며칠이에요 ?**）

1日	2日	3日	4日	5日	6日	7日	8日	9日	10日
일 일	이 일	삼 일	사 일	오 일	육 일	칠 일	팔 일	구 일	십 일

11日 **십일 일**　26日 **이십육 일** [이심뉴길]　31日 **삼십일 일**

▼値段（- 원／ウォン）：いくらですか（**얼마예요 ?**）
700 원 **칠백 원** , 15,000 원 **만 오천 원** , 130,500 원 **십삼만 오백 원**

▼〜番：何番ですか (**몇 번이에요 ?**)
090 － 6832 － 1994 **공구공의 육팔삼이의 일구구사**
　　　　　　　　　[에]　　　　 [에]

▼〜階：何階ですか (몇 층이에요 ?)
1 階　일 층, 3 階　삼 층, 15 階　십오 층

▼〜分：何分ですか (몇 분이에요 ?)
10 分　십 분, 40 分　사십 분, 5 分　오 분, 15 分　십오 분

- 네요 (〜ですね・ますね)

　用言の語幹に「- 네요」をつけて感嘆や同感を表します。ただし、語幹の最後のパッチム「ㄹ」は脱落します。

例) 비가 오다 (雨が降る) →오 + 네요 → 비가 오네요 (雨が降ってますね)
　　맛있다 (おいしい) → 맛있 + 네요　→ 맛있네요 (おいしいですね)
　　멀다 (遠い) → 머 (ㄹ脱落) + 네요　→ 머네요 (遠いですね)

基本文型練習

1. 次の数字の読み方を韓国語で書きなさい。

(1) 51 분　　　→ _____ 분
(2) 63 층　　　→ _____ 층
(3) 365 일　　　→ _____ 일
(4) 2009 년　　→ _____ 년
(5) 13,640 원　→ _____ 원
(6) 870,230 원 → _____ 원

2. (　) に与えられた語句を入れて対話を完成させなさい。

가 : (A) 이 / 가 언제예요 ? <又は> (A) 이 / 가 몇 월 며칠이에요 ?
나 : (B) 이에요 .

　　A ------------------------ B
(1) 생일　　　　　11 월 23 일
(2) 결혼기념일　　6 월 18 일
(3) 창립기념일　　3 월 10 일

(4) 시험　　　　　　10 월 6 일
(5) 어린이날　　　　 5 월 5 일
(6) 크리스마스　　　12 월 25 일

3.（　）に与えられた語句を入れて対話を完成させなさい。

| 가 :（　　　　）은 / 는 얼마예요 ?
| 나 :（　　　　）원이에요 . |

(1)

₩24,000

치마

(2)

₩19,500

바지

(3)

₩143,000

목걸이

(4)

전철비

(5)

택시 기본요금

(6)

도쿄~서울 비행기 값

4. 次のそれぞれの単語を「- 네요」の文にしなさい。

(1) 김치찌개가 맛있다 → _____
(2) 날씨가 덥다　　　 → _____
(3) 옷이 예쁘다　　　 → _____
(4) 발음이 어렵다　　 → _____
(5) 머리가 길다　　　 → _____
(6) 한국어를 잘하다　 → _____

応用練習

5. 次の유경숙さんのスケジュールを見て、質問に答えなさい。

<5월 스케줄 >

일	월	화	수	목	금	토
6 스포츠센터 Tel : 426-0914	**7**	**8** 한국어 수업	**9**	**10** 백화점 쇼핑	**11** 역 앞 : 친구	**12**
13 스포츠센터	**14** 한국에 가다	**15**	**16**	**17**	**18**	**19** 일본에 도착

Q1) 경숙 씨는 언제 한국에 갑니까 ?
→ _____

Q2) 언제 일본에 옵니까 ?
→ _____

Q3) 경숙 씨는 일요일에 보통 뭐 합니까 ?
→ _____

Q4) 친구하고 약속은 언제예요 ?
→ _____

Q5) 무슨 요일에 한국어 수업이 있어요 ?
→ _____

Q6) 백화점에서 쇼핑은 언제 합니까 ?
→ _____

Q7) 스포츠센터 전화번호는 몇 번이에요 ?
→ _____

話してみましょう

6. 次の事柄について隣の人（又は先生）に質問しましょう。

(1) 생일
(2) 전화번호
(3) 약속

부산까지 어떻게 가요?

釜山までどうやって行きますか。

59

기무라 : 저는 다음 주 15 일에 부산에 가요.

강희순 : 그래요 ?

기무라 : 부산은 뭐가 맛있어요 ?

강희순 : 회가 유명해요.

기무라 : 부산 날씨는 어때요 ?

강희순 : 서울보다 따뜻해요. 그런데 부산까지는 어떻게
         가요 ?

기무라 : 기차로 가요.

語　彙 60

▶ 会話

다음 주　来週

부산　（地名）釜山

가요　行きます

그래요？　そうですか

뭐가　何が

회　刺身

유명해요　有名です

어때요？　どうですか

- 보다　比較を表す助詞「〜より」

따뜻해요　暖かいです

그런데　ところで（話題を変えるときの接続詞）

어떻게　どうやって

기차　汽車、列車

-(으) 로　手段を表す助詞「〜で」
（直前の文字にパッチムがあるときは「- 으로」、ないときは「- 로」。ただし、「ㄹ」パッチムは「- 로」だけ付ける。例：지하철로）

▶ 練習

자전거　自転車

젓가락　箸

이메일　E メール

보내다　送る

손　手

만들다　作る

이야기하다　話す

안내하다　案内する

춥다　寒い

고향　故郷

교통　交通

편리하다　便利だ

- 의　所有、所属を表す助詞「〜の」
（実際の発音は［에］）

▶ 発音を練習してみましょう

・맛있어요 →（実際の発音）[마시써요]：連音化（p173）参照

・따뜻해요 →（実際の発音）[따뜨태요]：激音化（p176 参照）によってパッチム「ㅅ（代表音ㄷ）」＋「ㅎ」→「ㅌ」となる

・어떻게 →（実際の発音）[어떠케]：激音化（p176）参照

－아 / 어요（～ます・です）

用言の「～ます・です」体には「-ㅂ / 습니다」以外にも「-아 / 어요」体があります。「-아 / 어요」のほうが「-ㅂ / 습니다」よりやわらかい言い方であり、日常会話でもよく使われる表現です。

---

(1) 語幹が陽母音（ㅏ , ㅗ）の場合 ＋아요
語幹が陰母音（ㅏ , ㅗ以外）の場合 ＋어요

例）살다 → 살 ＋아요 　　→ 살아요（住んでいます）
좋다 → 좋 ＋아요 　　→ 좋아요（いいです）
먹다 → 먹 ＋어요 　　→ 먹어요（食べます）
맛있다 → 맛있＋어요 → 맛있어요（おいしいです）

---

(2)（パッチムのない）語幹の母音が「ㅏ / ㅓ」の場合には縮約されます。

例）가다 → 가＋아요（ㅏと아が重なって）→ 가요（行きます）
서다 → 서＋어요（ㅓと어が重なって）→ 서요（立ちます）

---

(3)（パッチムのない）語幹の母音の「ㅗ / ㅜ」は「아 / 어」と複合され、「ㅘ / ㅝ」となり、語幹の母音の「ㅣ」は「어」と複合され「ㅕ」となります。

例）오다 → 오＋아요（ㅗと아が複合されて）→ 와요（来ます）
배우다 → 배우＋어요（ㅜと어が複合されて）→ 배워요（習います）
기다리다 → 기다리＋어요（ㅣと어が複合されて）→ 기다려요
　　　　　　　　　　　　　　　　　　　　　（待ちます）

---

(4) その他：되다 → 되＋어요 → 돼요（なります）
내다 → 내＋어요 → 내요（出します）

---

(5) 하다 → 해요

例) 결혼하다　→　결혼해요（結婚します）
　　유명하다　→　유명해요（有名です）

(6) 名詞の場合＜3課参照＞は
　　- 예요（パッチムがないとき）／- 이에요（パッチムがあるとき）

基本文型練習

1. 次の用言を「－아 / 어요」体に書きなさい (左の番号は文型の該当番号)。

		－ 아 / 어요			－ 아 / 어요
(1)	먹다　食べる			만나다　会う	
	살다　住む			건너다　渡る	
	읽다　読む	(3)	오다　来る	
	알다　知る			보다　見る	
	좋다　良い			외우다　覚える	
	맛있다　おいしい			기다리다　待つ	
	멀다　遠い			마시다　飲む	
	만들다　作る	(4)	보내다　送る	
(2)	가다　行く	(5)	말하다　言う	
	사다　買う			편리하다　便利だ	
	서다　立つ	(6)	교사이다 教師である	
	비싸다 (値段) 高い			회사원이다 会社員である	

2. <보기>のように与えられた語句を使って文を作りなさい。

   <보기> 버스 / 가다 → 버스로 가요.

(1) 지하철 / 오다
   → _____

(2) 자전거 / 다니다
   → _____

(3) 젓가락 / 먹다
   → _____

(4) 이메일 / 보내다
   → _____

(5) 손 / 만들다
   → _____

(6) 한국말 / 이야기하다
   → _____

3. 次の下線部を「- 아 / 어요」に変えなさい。

(1) 서울에 옵니다.
   → _____

(2) 친구를 만납니다.
   → _____

(3) 뭐가 유명합니까?
   → _____

(4) 전철로 갑니다.
   → _____

(5) 교통비는 한국보다 비쌉니까?
   → _____

(6) 내일은 바쁘지 않습니다.
   → _____

応用練習

4．下線部を「- 아 / 어요」に書きかえなさい。

> 　　수영 씨는 서울에 <u>삽니다</u>. 수영 씨는 다음 주에 부산에 <u>갑니다</u>.
> 　　　　　　　　　　（　　　　）　　　　　　　　　　　　　　　　　　　（　　　　）
> 부산에 친구가 <u>삽니다</u>. 부산에서 친구하고 <u>만납니다</u>. 그 친구가
> 　　　　　　　（　　　　）　　　　　　　　　　（　　　　　　）
> 부산을 <u>안내합니다</u>. 부산은 회가 <u>유명합니다</u>. 그리고 부산의 날씨는
> 　　　（　　　　　　）　　　　　（　　　　　　）
> <u>따뜻합니다</u>. 서울보다 <u>춥지 않습니다</u>. 수영 씨는 부산까지 기차로
> （　　　　　　）　　　（　　　　　　　　　　）
> <u>갑니다</u>. 하지만 서울에는 버스로 <u>옵니다</u>.
> （　　　　）　　　　　　　　　　　　　（　　　　　）

5. 上記の文章（問題4）を読んで、次の質問に「- 아 / 어요」で答えなさい。

Q1) 수영 씨는 다음 주에 어디에 가요 ?

　　　　　　　　　→ _____

Q2) 부산에서는 누가 안내해요 ?

　　　　　　　　　→ _____

Q3) 부산의 날씨는 어때요 ?

　　　　　　　　　→ _____

Q4) 부산은 뭐가 유명해요 ?

　　　　　　　　　→ _____

Q5) 부산까지 어떻게 가요 ?

　　　　　　　　　→ _____

Q6) 서울까지는 기차로 와요 ?

　　　　　　　　　→ _____

話してみましょう

6．次の質問に答えを書いてから、いくつかの質問を選んで隣の人（又は先生）に聞いてみましょう。

(1) 어디에 살아요?

　　→ _____

(2) 회사 (又は학교) 에서 집까지는 멀어요?

　　→ _____

(3) 회사 (又は학교) 에서 집까지는 어떻게 가요?

　　→ _____

(4) 집까지 교통은 편리해요?

　　→ _____

(5) 여기까지는 어떻게 와요?

　　→ _____

(6) ○○ 씨 고향은 어디예요? 뭐가 유명해요?

　　→ _____

(7) 이번 주 일요일에는 뭘 해요?

　　→ _____

聴いてみましょう 🎧 61

7．音声を聴いて質問に韓国語で答えなさい。

(1) 기무라 씨는 언제 서울에 가요?

(2) 버스로 어디에서 어디까지 가요?

(3) 서울의 날씨는 어때요?

◆ 語彙の補足：交通 ◆

버스（バス）

지하철 / 전철（地下鉄、電車）

택시（タクシー）

비행기（飛行機）

배（船）

자전거（自転車）

좌석버스（座席バス）

시외버스（市外バス）

모범택시（模範タクシー）

기차（汽車）

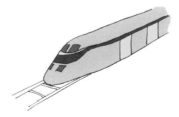

KTX（韓国高速列車）

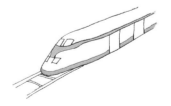

신칸센（新幹線）

제 10 과　몇 시부터예요？

何時からですか。

🎧 62

와타나베 : 아르바이트는 몇 시부터예요？

박성현　 : 저녁 6 시부터 합니다 .

와타나베 : 몇 시까지 해요？

박성현　 : 새벽 1 시까지 해요 .

와타나베 : 일주일에 몇 번 가요？

박성현　 : 일주일에 세 번 가요 .

와타나베 : 피곤하지 않아요？

박성현　 : 전혀 안 피곤해요 .

語　彙　🎧 63

▶ 会話

몇 시　何時
새벽　（夜12時以降から明け方ま
　で）深夜・未明
일주일에　1週間に
몇 번　何回
세 번　3回
피곤하지 않아요？　疲れていませ
　んか（基本形「피곤하다（疲れる）」
　の否定疑問文）
전혀　まったく（否定文で使う）

▶ 練習

지금　今
오전　午前
오후　午後
전　～（時間）前
일어나다　起きる
점심시간　昼休み
퇴근하다＜退勤－＞　退社する
저녁 식사　夕食
텔레비전　テレビ
샤워　シャワー
가족　家族
생맥주　生ビール
숟가락　スプーン
강아지　子犬
고양이　猫
매주　毎週
거래처　取引先
영화관　映画館
끝나다　終わる

▶ 発音を練習してみましょう

・않아요 → （実際の発音）［아나요］：連音化（p173 参照）
・전혀 → （実際の発音）［전혀］／［저녀］：「ㅎ」の弱音化（p175 参照）
　によって有声音の後の「ㅎ」は弱くなるかほとんど発音されない。

文 型

固有語数詞

固有語の数詞は、時間や回数、年齢、人数などを数えるときに使われます。

1つ	2つ	3つ	4つ	5つ	6つ	7つ	8つ	9つ	10
하나	둘	셋	넷	다섯	여섯	일곱	여덟	아홉	열
11	12	13	14	15	16	17	18	19	20
열하나	열둘	열셋	열넷	열다섯	열여섯	열일곱	열여덟	열아홉	스물
30	40	50	60	70	80	90	99		
서른	마흔	쉰	예순	일흔	여든	아흔	아흔아홉		

＊固有語数詞は 1〜99 までです。100 からは漢字語数詞で数えます。

＜助数詞がつくとき、次の場合には固有語数詞が変わる＞
　하나 → 한 , 둘 → 두 , 셋 → 세 , 넷 → 네 , 스물 → 스무

▼時間（〜時／‐시）：何時ですか（몇 시예요 ?）

1時	2時	3時	4時	5時	6時	7時	8時	9時	10時
한 시	두 시	세 시	네 시	다섯 시	여섯 시	일곱 시	여덟 시	아홉 시	열 시

3時30分　세 시 삼십 분 又は 세 시 반
〜分前　‐분 전
午前　오전 ／午後　오후
새벽（深夜、早朝）－아침（朝）－점심（昼）－저녁（夕方）
낮（昼）－밤（夜、晩）

▼〜回　‐번
1回　한 번 , 2回　두 번 , 3回　세 번 , 10回　열 번
何回　몇 번

▼〜才　‐살
1才　한 살 , 20才　스무 살 , 28才　스물여덟 살 , 30才　서른 살
何才　몇 살

▼〜名／人　　- 명 / 사람

2名　두 명，3人　세 사람，6名　여섯 명，14名　열네 명

何名／何人　몇 명 / 몇 사람

敬語のときは「〜分」を使う。例）何名様ですか。「몇 분이세요 ?」

▼その他：〜個 (- 개)、〜台 (- 대)、〜枚 (- 장)、〜匹 (- 마리)、〜杯 (- 잔)、
　　　　　〜本 (- 병)、〜冊 (- 권)

1個　한 개，1台　한 대，10枚　열 장，3匹　세 마리

2杯　두 잔，1本　한 병，4冊　네 권

基本文型練習

1.（　　　）に時間を入れて対話を完成させなさい。

Q：지금 몇 시예요 ?　　A：(　　　　　) 예요 / 이에요 .

(1)　3時　　　　　　(2)　9時　　　　　　(3) 午前 11 時

(4)　7時 15 分　　　(5)　12 時 30 分　　(6) 4 時 5 分前

2．次の時間表を見て、下線部に適切な時間を入れなさい。

```
7 : 30　일어나다
8 : 00　아침 식사
9 : 00 〜 6 : 30　회사 (12 : 00 〜 1 : 00 점심시간 )
7 : 45　저녁 식사
8 : 30 〜 11 : 00　텔레비전을 보다
12 : 30　자다
```

　저는 보통 ＿＿＿에 일어납니다 . ＿＿＿에 아침 식사를 하고 ＿＿＿
에 회사에 갑니다 . 점심시간은＿＿＿부터 ＿＿＿까지입니다 . ＿＿＿
에 퇴근합니다 . 저녁 식사는＿＿＿에 집에서 합니다 . 그리고 ＿＿＿부
터＿＿＿까지 텔레비전을 보고 샤워하고 보통 ＿＿＿에 잡니다 .

3．次の日本語を韓国語にしなさい。

(1) 1週間に2回運動します。

→ _____

(2) 家族（가족）は5名です。

→ _____

(3) 生ビール（생맥주）3杯ください。

→ _____

(4) スプーン（숟가락）一つください。

→ _____

(5) 子犬（강아지）1匹と猫（고양이）2匹がいます。

→ _____

(6) 子どもは3才です。

→ _____

応 用 練 習

4．先生が言った時間を時計に書き込みなさい。

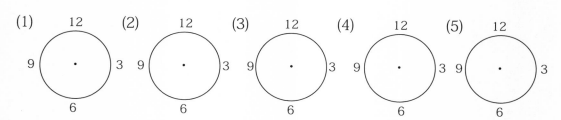

5．次はユンさんのスケジュールです。質問に答えなさい。

< 윤상미 씨의 스케줄 >　　　　　　　　10월

일	월	화	수	목	금	토
20 (8:30) 서울역에서 친구	**21** (18:50) 한국어 수업	**22**	**23** (11:00) 거래처에서 회의	**24**	**25** (19:20) 영화관	**26** (12:45) 점심 약속

(1) 영화관에서 몇 시에 약속이 있습니까？

→ _____

(2) 토요일 점심 약속은 몇 시입니까?

　　→ _____

(3) 23일에 회의는 어디에서 몇 시에 있어요?

　　→ _____

(4) 상미 씨는 일요일 몇 시에 서울역에서 친구를 만납니까?

　　→ _____

(5) 매주 월요일에는 한국어 수업이 있습니다. 몇 시부터입니까?

　　→ _____

話してみましょう

6．次の事柄について隣の人（又は先生）に質問しましょう。

(1) 起床時間、食事の時間、出社・退社の時間、寝る時間など

(2) 旅行や出張のスケジュール

聴いてみましょう　64

7．音声を聴いて内容と一致するものには○を、一致しないものには×を書きなさい。

(1) 와타나베 씨는 수업이 매일 있습니다. (　　)

(2) 한국어 수업은 일곱 시 사십 분부터 합니다. (　　)

(3) 한국어 수업은 아홉 시 십 분에 끝납니다. (　　)

(4) 한국어는 어렵습니다. (　　)

書いてみましょう

8．「私の一日の生活」（朝起きてから寝るまで）について書いてみましょう。

● Review（第6課〜第10課）

1．次の日本語の単語は韓国語に、韓国語の単語は日本語にしなさい。

(1) 土曜日 ＿＿＿＿＿＿＿　　(2) 外食する ＿＿＿＿＿＿＿　　(3) 有名だ ＿＿＿＿＿＿＿

(4) 往復で ＿＿＿＿＿＿＿　　(5) 週末 ＿＿＿＿＿＿＿　　(6) 모레 ＿＿＿＿＿＿＿

(7) 교통 ＿＿＿＿＿＿＿　　(8) 전혀 ＿＿＿＿＿＿＿　　(9) 집 ＿＿＿＿＿＿＿

2．次の文を指示された文型に直しなさい。

(1) 내일 회사에 가다 .（「- ㅂ / 습니다」体に→）
　　　　　　　　　→ ＿＿＿＿＿＿＿＿＿＿＿＿＿＿＿＿＿＿＿

(2) 음악을 듣습니다 ＋ 영화를 봅니다 .（一文に→）
　　　　　　　　　→ ＿＿＿＿＿＿＿＿＿＿＿＿＿＿＿＿＿＿＿

(3) 다음 주는 바쁩니다 .（否定文に→）
　　　　　　　　　→ ＿＿＿＿＿＿＿＿＿＿＿＿＿＿＿＿＿＿＿

(4) 날씨가 따뜻합니다 .（「－ 아 / 어요」体に→）
　　　　　　　　　→ ＿＿＿＿＿＿＿＿＿＿＿＿＿＿＿＿＿＿＿

(5) 어디에 삽니까 ?（「- 아 / 어요」体に→）
　　　　　　　　　→ ＿＿＿＿＿＿＿＿＿＿＿＿＿＿＿＿＿＿＿

(6) 내일도 여기에 옵니까 ?（「－ 아 / 어요」体に→）
　　　　　　　　　→ ＿＿＿＿＿＿＿＿＿＿＿＿＿＿＿＿＿＿＿

(7) 날씨가 좋습니다 .（「－ 네요」に→）
　　　　　　　　　→ ＿＿＿＿＿＿＿＿＿＿＿＿＿＿＿＿＿＿＿

3．下線の数字の読み方を韓国語で書きなさい。

(1) 지금 3 시 10 분입니다 .（　　　　　　　　）

(2) 다음 주 23 일이 제 생일입니다 .（　　　　　　　　）

(3) 전철비는 900 원입니다 .（　　　　　　　　）

(4) 술을 4 잔 마십니다 .（　　　　　　　　）

(5) 회사는 <u>2</u> 층에 있어요 . （　　　　　　）

(6) 가족은 <u>5</u> 명입니다 . （　　　　　　）

4. 次の疑問詞の中から適切なものを選んで入れなさい。

어디 , 뭐 , 어느 , 누구 , 언제 , 어떻게 , 얼마 , 몇 , 무슨 , 누가

(1) 가 : （　　　）부산에 가요 ?

　　나 : 다음 주에 가요 .

(2) 가 : （　　　）나라 사람이에요 ?

　　나 : 중국 사람이에요 .

(3) 가 : 학교까지 （　　　）가요 ?

　　나 : 자전거로 가요 .

(4) 가 : 회의는 （　　　）시까지입니까 ?

　　나 : 11 시까지입니다 .

(5) 가 : （　　　）을 / 를 만나요 ?

　　나 : 친구를 만나요 .

(6) 가 : （　　　）에서 일해요 ?

　　나 : 은행에서 일합니다 .

(7) 가 : （　　　）요일에 한국어 수업이 있어요 ?

　　나 : 토요일에 있어요 .

(8) 가 : 이 가방 （　　　）예요 / 이에요 ?

　　나 : 35,000 원이에요 .

(9) 가 : （　　　）선생님이에요 ?

　　나 : 저 분이 선생님이에요 .

(10) 가 : 홋카이도는 （　　　）이 / 가 유명해요 ?

　　　나 : 라면이 유명해요 .

제 11 과　언제 일본에 왔어요 ?

いつ日本へ来ましたか。

65

핫토리 : 언제 일본에 왔어요 ?

윤소연 : 지난달에 왔습니다 .

핫토리 : 일본어는 어디에서 배웠어요 ?

윤소연 : 학원에 다녔어요 .

핫토리 : 얼마나 공부했어요 ?

윤소연 : 한 1 년 정도 공부했어요 .

핫토리 : 정말 잘하시네요 .

윤소연 : 아직 멀었어요 .

語　彙　🎧66

▶ 会話

지난달에　先月（に）

왔습니다　来ました(基本形「오다」)

배웠어요？　習いましたか。（基本形「배우다」）

학원　学院、語学教室、塾

다녔어요　通いました（基本形「다니다」）

얼마나　どれぐらい

한　約、おおよそ

정도　程度、〜くらい

잘하시네요　お上手ですね（基本形「잘하다」）

아직　まだ

멀었어요　至っていません（「멀었어요」は形として「멀어요（遠いです）」の過去形だが、ここでは「まだまだです」の意味で使われる）

▶ 練習

결혼　結婚

말　〜末

초　初

제주도　済州島

여름　夏

제　私の

가을　秋

아주　とても

- 들　〜たち（複数を表す）

친절하다　親切だ

주문하다　注文する

아주머니　おばさん

서비스　サービス

수정과　干し柿とシナモンの味がする伝統茶

주다　くれる

시장　市場

물건　品物

빨랐습니다　速かったです

▶ 発音を練習してみましょう

・학원에 → （実際の発音）[하궈네]

・1 년 (일년) → （実際の発音）[일련]：流音化（p178 参照）によってパッチム「ㄹ」＋「ㄴ」→ [ㄹ] ＋ [ㄹ] となる。

・잘하시네요 → （実際の発音）[잘하시네요] / [자라시네요]（p175 参照）

文　型

過去形 ‐ 았 / 었습니다・았 / 었어요

　用言の過去形は、「語幹＋‐ 았 / 었다」であり、その丁寧体は、語幹の母音が「ㅏ / ㅗ」の場合は「‐ 았습니다・았어요」に、語幹の母音が「ㅏ / ㅗ以外」の場合は「‐ 었습니다・었어요」の形になります。疑問形は「‐ 았 / 었습니까？・았 / 었어요？」で語尾を上げて発音します。

---

(1) 語幹が陽母音（ㅏ , ㅗ）の場合＋았습니다・았어요
　　 語幹が陰母音（ㅏ , ㅗ以外）の場合＋었습니다・었어요

例) 살다 → 살 ＋았다 → 살았습니다 / 살았어요 （住んでいました）
　　좋다 → 좋 ＋았다 → 좋았습니다 / 좋았어요 （よかったです）
　　먹다 → 먹 ＋었다 → 먹었습니다 / 먹었어요 （食べました）
　　맛있다 → 맛있 ＋었다 → 맛있었습니다 / 맛있었어요

　　　　　　　　　　　　　　　　　　　（おいしかったです）

---

(2) （パッチムのない）語幹の母音が「ㅏ／ㅓ」の場合には縮約されます。

例) 가다 → 가 ＋았다 （ㅏと아が重なって）
　　　　　→ 갔습니다・갔어요 （行きました）
　　서다 → 서 ＋었다 （ㅓと어が重なって）
　　　　　→ 섰습니다・섰어요 （立ちました）

---

(3) （パッチムのない）
　　 語幹の母音の「ㅗ / ㅜ」は「아 / 어」と複合され、「ㅘ / ㅝ」となります。
　　 語幹の母音の「ㅣ」は「어」と複合され「ㅕ」となります。

例) 오다 → 오 ＋았다 （ㅗと아が複合されて）
　　　　　→ 왔습니다・왔어요 （来ました）
　　배우다 → 배우 ＋었다 （ㅜと어が複合されて）
　　　　　→ 배웠습니다・배웠어요 （習いました）

기다리다 → 기다리 + 었다 （ㅣと어が複合されて）

　　　　　　→ 기다렸습니다・기다렸어요（待ちました）

---

(4) その他： 되다→ 되 + 었다 → 되었습니다（됐습니다）・

　　　　　　　　　　　　　　되었어요（됐어요）（なりました）

　　　　　내다→ 내 + 었다 → 내었습니다（냈습니다）・

　　　　　　　　　　　　　　내었어요（냈어요）（出しました）

---

(5) 하다 → 했습니다・했어요

例) 취직하다 → 취직했습니다・취직했어요（就職しました）

　　유명하다 → 유명했습니다・유명했어요（有名でした）

---

(6) 名詞の場合は

　　- 였습니다（パッチムがないとき） ／ - 이었습니다（パッチムがあるとき）

例) 수도이다 → 수도였습니다・수도였어요（首都でした）

　　학생이다 → 학생이었습니다・학생이었어요（学生でした）

　　식당이 아니다 → 식당이 아니었습니다・식당이 아니었어요

　　　　　　　　　　　　　　　　　　　（食堂ではありませんでした）

＊ヒント：名詞文以外は、「- 아 / 어요」体（第 9 課参照）に、「- ㅆ습니다」か「-ㅆ어요」をつければ過去形になります。例） 가요 → 갔습니다・갔어요

＜時間を表す名詞＞

그저께 (그제)	어제	오늘 （きょう）	내일	모레
지지난주	지난주	이번 주 （今週）	다음 주	다다음 주
지지난달	지난달	이번 달 （今月）	다음 달	다다음 달
재작년	작년	올해 （今年）	내년	내후년

＊時間を表す助詞「- 에」は「그저께 (그제)，어제，오늘，내일，모레」にはつけることができません。

基本文型練習

1. 次の単語を過去形に直して空欄に書きなさい（左の番号は文型の該当番号）。

		– 았 / 었습니다 – 았 / 었어요			– 았 / 었습니다 – 았 / 었어요
(1)	먹다			서다	
	살다			만나다	
	읽다		(3)	오다	
	알다			보다	
	좋다			외우다	
	맛있다			기다리다	
	멀다			마시다	
	만들다		(4)	보내다	
(2)	가다		(5)	말하다	
	사다		(6)	학교이다	
	비싸다			백화점이다	

2. ＜보기＞のように与えられた単語を使って過去形にしなさい。

＜보기＞ 지난 주말 / 외식하다 → 지난 주말에 외식했어요.

(1) 작년 / 결혼하다

　　　　　　　　　→ _____

(2) 3월 말 / 제주도에 가다

　　　　　　　　　→ _____

(3) 9월 초 / 여행을 하다

　　　　　　　　　→ _____

(4) 여름 / 일본에서 오다

　　　　　　　　　→ _____

(5) 지지난주 / 친구를 만나다

　　　　　　　　　→ _____

(6) 어제 / 영화를 보다

　　　　　　　　　→ _____

応 用 練 習

3. 次の質問に対し自分のことについて答えなさい。

(1) 오늘 몇 시에 일어났어요?

　　　　　　　　　→ _____

(2) 지난 주말에 뭐 했어요?

　　　　　　　　　→ _____

(3) 지난달에 영화를 봤어요?

　　　　　　　　　→ _____

(4) 언제부터 한국어를 배웠어요?

　　　　　　　　　→ _____

(5) 한국에 언제 갔어요?

　　　　　　　　　→ _____

4. 次の文章を読んで、質問に答えなさい。

< 요시다 씨의 한국 여행 >

저는 작년 가을에 한국에 갔습니다. 한국의 가을 날씨는 아주 좋았습니다. 한국 사람들은 친절했습니다. 식당에서는 한국말로 주문을 했습니다. 제 한국말을 듣고 식당 아주머니는 서비스로 수정과를 주었습니다. 저녁에는 시장에 갔습니다. 시장에는 사람도 많고 물건도 쌌습니다. 그리고 버스가 너무 빨랐습니다. 하지만 재미있었습니다.

Q1) 요시다 씨는 언제 한국에 갔어요?

Q2) 날씨는 어땠어요?

Q3) 요시다 씨는 식당에서 일본말로 주문했어요?

Q4) 요시다 씨는 저녁에 어디에 갔어요?

Q5) 시장은 어땠어요?

聴いてみましょう 🎧 67

5. 音声を聴いて質問に韓国語で答えなさい。

(1) 핫토리 씨는 한국에 언제 왔어요?

(2) 핫토리 씨는 한국이 처음이에요?

(3) 핫토리 씨는 한국어를 1 년 정도 배웠어요?

書いてみましょう

6. 旅行したことについて書いてみましょう。

私の旅行 (나의 여행)

話してみましょう

7. 上に書いた内容（旅行について）について質問してみましょう。

①先生：어디에 갔어요？

②生徒 A：～ 에 갔어요.

③生徒 A に対して他の生徒は質問してください。

例）天気について、食べ物について、人たちについて、よかったことなど。

제 12 과 성함이 어떻게 되세요 ?

お名前は？

🎧 68

사이토 : 성함이 어떻게 되세요 ?

최윤아 : 최윤아라고 합니다 .

사이토 : 한국 분이세요 ?

최윤아 : 네 , 한국 사람이에요 .

사이토 : 나이가 어떻게 되세요 ?

최윤아 : 어떻게 보여요 ?

사이토 : 글쎄요…… , 스물여덟 ?

최윤아 : 서른다섯이에요 .

사이토 : 정말이에요 ? 젊어 보여요 .

최윤아 : 감사합니다 . 사이토 씨 , 가족이 어떻게 되세요 ?

사이토 : 아내하고 아이가 하나 있습니다 .

語　彙 🎧69

▶会話

성함　お名前（「이름」の敬語表現）
한국 분　韓国の方
-(이) 세요 ?　「- 예요 ?/- 이에요 ?」
　の敬語
나이　お年、年齢
보여요 ?　見えますか (基本形「보
　이다」)
정말이에요 ?　本当ですか
젊어 보여요　若く見えます
아내　妻
아이　子供
하나　ひとつ、ひとり

▶練習

- 께서는　助詞「は」の敬語表現
신문　新聞
- 께서　助詞「が」の敬語表現
가르치다　教える
선물　プレゼント、お土産
모르다　知らない

피곤하다　疲れる
아는 사람이다　知り合いである
형제　兄弟
주소　住所
고등학교 < 高等學校 >　高校
현재　現在
신촌　（地名）新村
일찍　早く
- 에게　助詞「(人) に」(助詞
　「(人) から」は「- 에게 (서)」)
체크하다　チェックする
영어　英語
점심 식사　昼食
돌아가다　帰っていく、帰る
뉴스　ニュース
골프를 치다　ゴルフをする
먼저　先に
적네요 [정네요]　少ないですね。

▶発音を練習してみましょう

・다섯이에요 → （実際の発音) [다서시에요]：連音化によってパッチム
　「ㅅ」は次の「ㅇ」に移動される。
・젊어 보여요 → （実際の発音) [절머 보여요]：二重パッチム (p181 参照)
　の後「ㅇ」が来ると、二重パッチムの後ろの子音が連音化される。

文 型

敬語：−〔으〕십니다・−〔으〕세요

　目上の人に対して、または同年の場合でも初対面のときには敬語を使います。敬語は、用言の語幹に「-(으)시」をつけて、「-(으)십니다」または「-(으)세요」になります(語幹にパッチムがある場合は「-으」をつける)。疑問文は「-(으)십니까？・-(으)세요？」となり、語尾を上げて発音します。ただし、用言の語幹の「ㄹ」パッチムは脱落します。

　敬語の場合、疑問文をよく使うので、ここでは疑問形を中心として練習しましょう。

(1) 가다 → 가＋시다 → 가십니까？・가세요？（行かれますか）

　　읽다 → 읽＋으시다 → 읽으십니까？・읽으세요？（読まれますか）

　　알다 →아（ㄹパッチム脱落）＋시다 → 아십니까？・아세요？

　　　　　　　　　　　　　　　　　　　　　　　　　　（ご存知ですか）

(2) 敬語の特殊例

　敬語には、次のように基本形と異なる場合もあります。

　　먹다（食べる）/ 마시다（飲む）→ 드시다（召し上がる）

　　　　　　　　　　　　　　→ 드십니까？・드세요？

　　있다（いる）→ 계시다（いらっしゃる）→ 계십니까？・계세요？

　　자다（寝る）→ 주무시다（お休みになる）→ 주무십니까？・주무세요？

　　죽다（死ぬ）→돌아가시다（亡くなる）→ 돌아가십니까？・돌아가세요？

　　　　　　　　　　（参考：亡くなりました　돌아가셨습니다．）

(3) 名詞文の場合

　名詞文「-입니다」の敬語表現は、直前の文字にパッチムがあるときは「-이십니다・-이세요」、ないときは「-십니다・-세요」をつけます。

　　한국 분이다（韓国の方である）→ 한국 분이십니까？・한국 분이세요？

　　　　　　　　　　　　　　　　　（韓国の方でいらっしゃいますか）

　　교사이다（教師である）→ 교사십니까？・교사세요？

　　　　　　　　　　　　　　　　　（教師でいらっしゃいますか）

(4) 助詞の場合：助詞にも敬語表現があります。

助詞「- 은 / 는」（〜は）→「- 께서는」

助詞「- 이 / 가」（〜が）→「- 께서」

助詞「- 에게」（〜に）→「- 께」

例）아버지께서는 신문을 읽으세요 .（父は新聞を読まれます。）

　김 선생님께서 한국어를 가르치십니다 .

（金先生が韓国語を教えられます。）

　영희 씨 , 언제 할머니께 선물을 보내요？

（ヨンヒさん、いつお祖母さんにプレゼントを送りますか。）

基本文型練習

1．次の単語を敬語表現に直して空欄に書きなさい。

	（으）십니까？	（으）세요？		（으）십니까？	（으）세요？
오다			먹다		
보다			있다		
만나다			자다		
가다			마시다		
읽다			모르다		
괜찮다			바쁘다		
알다			좋아하다		
만들다			피곤하다		
멀다			회사원이다		
살다			어머니이다		
재미있다			아는 사람이다		

2. （　　）に与えられた単語を入れて文を作りなさい。

（　　）이 / 가　어떻게 되세요 ?

(1) 성함 _____

(2) 나이 _____

(3) 형제 _____

(4) 가족 _____

(5) 주소 _____

(6) 전화번호 _____

応 用 練 習

3. 下線部分を敬語表現にして、質問に答えなさい。

김 선생님은 고등학교 (교사이다) _____ . 현재 신촌에
(살다) _____ . 매일 일찍 학교에 (오다) _____ .
학교에서 먼저 신문을 읽으시고 메일을 체크 (하다) _____ .
김 선생님은 학생들에게 영어를 (가르치다) _____ . 점심 식
사는 주로 학교 식당에서 (먹다) _____ .   보통 저녁 9 시에
집에 (돌아가다) _____ . 집에서 뉴스를 보시고 새벽 1 시
에 (자다) _____ . 이번 주 일요일에는 박 선생님하고 골프
를 (치다) _____ .

Q1) 김 선생님께서는 중학교 교사세요 ?

Q2) 김 선생님께서는 어디에 사세요 ?

Q3) 김 선생님께서는 매일 아침에 학교에서 먼저 뭐 하세요?

Q4) 김 선생님께서는 뭐 가르치세요?

Q5) 김 선생님께서는 점심 식사를 어디에서 하세요?

Q6) 김 선생님께서는 일요일에 뭐 하세요?

話してみましょう

4．次の質問の中からいくつか選び隣の人（または先生）に質問してみましょう。

(1) 名前について

(2) 家族について

(3) 兄弟について

(4) 年齢について

5．音声を聴いて内容と一致するものには○を、一致しないものには×をつけなさい。

(1) 남자의 이름은 사이토입니다 . (　　)

(2) 남자는 재일 교포입니다 . (　　)

(3) 남자의 나이는 서른입니다 . (　　)

(4) 남자는 여자보다 나이가 적습니다 . (　　)

書いてみましょう

6．左側の＜弟の一日＞を右側に敬語表現を使って＜父の一日＞に書き換えなさい。

＜ 남동생의 하루 ＞	＜ 아버지의 하루 ＞
남동생은 회사원입니다 . 남동생은 매일 7 시에 일어납니다 . 아침에는 주로 밥을 먹습니다 . 회사까지는 전철로 갑니다 . 9 시부터 6 시까지 일합니다 . 일주일에 한 번 저녁에 한국어를 배웁니다 . 보통 7 시 반에 집에 돌아옵니다 . 책을 읽고 보통 11 시에 잡니다 .	아버지께서는 ＿＿＿＿＿＿＿＿ ＿＿＿＿＿＿＿＿＿＿＿＿＿＿＿＿ ＿＿＿＿＿＿＿＿＿＿＿＿＿＿＿＿ ＿＿＿＿＿＿＿＿＿＿＿＿＿＿＿＿ ＿＿＿＿＿＿＿＿＿＿＿＿＿＿＿＿ ＿＿＿＿＿＿＿＿＿＿＿＿＿＿＿＿ ＿＿＿＿＿＿＿＿＿＿＿＿＿＿＿＿ ＿＿＿＿＿＿＿＿＿＿＿＿＿＿＿＿

（補足）　**命令・挨拶表現　-（으）세요・-（으）십시오**

「-（으）세요」は、敬語の意味だけではなく、命令や慣用的なあいさつ表現などにも使われます。特に、公の場面やフォーマルな場面では「-（으）십시오」がよく使われます。

例) 사진을 찍<u>으세요</u>・사진을 찍<u>으십시오</u>. （写真を撮ってください。）

　　청소를 하<u>세요</u>・청소를 하<u>십시오</u>. （掃除をしてください。）

　　안녕히 가<u>세요</u>・안녕히 가<u>십시오</u>. （さようなら。）

　　어서 오<u>세요</u>・어서 오<u>십시오</u>. （いらっしゃいませ。）

1. 次の単語を命令表現に直して空欄に書きなさい。

	-（으）세요	-（으）십시오		-（으）세요	-（으）십시오
가다			먹다		
앉다			있다		
읽다			자다		

2. 次の日本語を韓国語で書きなさい。

(1) ここにお座りください。

　　_____

(2) 韓国語でお書きください。

　　_____

(3) 黒板 (칠판) をご覧ください。

　　_____

(4) 午前 10 時までにお越しください。

　　_____

제 13 과 어디에 다녀오셨어요?
どちらへ行っていらっしゃいましたか。

김상민 : 휴가는 잘 보내셨어요?

바바　: 네, 오래간만에 여행을 갔어요.

김상민 : 어디에 다녀오셨어요?

바바　: 이탈리아에 갔다 왔어요.

김상민 : 이탈리아는 어땠어요?

바바　: 음식이 정말 맛있었어요. 그리고 건물도 아주
　　　　멋있었어요.

語　彙

▶ 会話

휴가　休暇

잘 보내셨어요 ?　よく過ごされま
　　したか

오래간만에　久しぶりに(「오랜
　　만에」もよく使われる)

여행　旅行

갔다 오다　行ってくる

어땠어요 ?　どうでしたか

다녀오셨어요 ?　行っていらっし
　　ゃいましたか (「다녀오시다」の
　　過去形)

이탈리아　イタリア

건물　建物

멋있었어요 .　素敵でした(基本形
　　「멋있다」)

▶ 練習

벌써　もう、すでに

갈비　カルビ

가장　最も、いちばん

- 에 대하여　〜について

그만두다　辞める

- 동안　〜間

하숙집　下宿

- 한테　助詞(人)に(助詞「(人)
　　から」は「- 한테 (서)」)

신혼여행　新婚旅行

3 박 4 일간　3 泊 4 日間

-(으) 로　方向を表す助詞「へ」

요즘　最近

빵　パン

▶ 発音を練習してみましょう

・음식이 → (実際の発音) [음시기]
　　: 連音化によってパッチム「ㄱ」は次の「ㅇ」へ移動される。

・멋있었어요 → (実際の発音) [머시써써요]
　　: 連音化

文　型

敬語の過去形：-(으) 셨습니다・-(으) 셨어요

(1) 敬語表現「-(으) 시다」（第 12 課参照）の過去形は「-(으) 셨다」で、その丁寧体は「-(으) 셨습니다・-(으) 셨어요」になります。疑問形は「-(으) 셨습니까？・-(으) 셨어요？」となり語尾を上げて発音します。ただし、用言の語幹のパッチム「ㄹ」は脱落します。

　　敬語の場合は疑問形をよく使うので、ここでは疑問形を中心に練習しましょう。

例) 가다 → 가＋셨다　→　가셨습니까？・　가셨어요？（行かれましたか）
　　읽다 → 읽＋으셨다 →읽으셨습니까？・읽으셨어요？（読まれましたか）
　　알다 → 아（「ㄹ」パッチム脱落）＋셨다→ 아셨습니까？・　아셨어요？
　　　　　　　　　　　　　　　　　　　　　　　　　　（ご存知でしたか）

(2) 特殊例で取り上げられた敬語の過去形は次のようになります。

例) 드시다 → 드셨습니까？・ 드셨어요？（召し上がりましたか）
　　계시다 → 계셨습니까？・계셨어요？（いらっしゃいましたか）
　　주무시다 → 주무셨습니까？・ 주무셨어요？（お休みになりましたか）
　　돌아가시다 → 돌아가셨습니까？・돌아가셨어요？
　　　　　　　　　　　　　　　　　　　　（お亡くなりになりましたか）

(3) 名詞の場合には、「-(이) 셨어요？」になります。

例) 교사이다　 → 교사셨어요？（教師でいらっしゃいましたか）
　　회사원이다 → 회사원이셨어요？（会社員でいらっしゃいましたか）

基本文型練習

1. 次の単語を敬語の疑問形に直し、空欄に書きなさい。

	－（으）셨어요？		－（으）셨어요？
오다		먹다	
보다		있다	
만나다		자다	
가다		마시다	
읽다		모르다	
재미있다		바쁘다	
알다		괜찮다	
만들다		좋아하다	
멀다		피곤하다	
살다		말하다	

＊「말」の敬語は「말씀」

2. 次を＜보기＞のように変えなさい。

＜보기＞ 벌써 (가다) <u>가셨어요?</u>　　　　아뇨 , 아직 <u>안 갔어요 .</u>
　　　　（もう行かれましたか）　　　　（いいえ、まだ行っていません）

(1) 벌써 (식사하다)_____?
　　　　　　　　　　　아뇨 , 아직_____.

(2) 벌써 (읽다)_____?
　　　　　　　　　　　아뇨 , 아직_____.

(3) 벌써 일이 (끝나다)_____?
　　　　　　　　　　　아뇨 , 아직_____.

(4) 벌써 그 영화를 (보다)_____?
　　　　　　　　　　　아뇨 , 아직_____.

(5) 벌써 (먹다)_____?
　　　　　　　　　　　아뇨 , 아직_____.

(6) 벌써 (만들다)_____?
　　　　　　　　　　　아뇨 , 아직_____.

３．次の質問に対する適切な答えを、A～Fの中から選びなさい。

(1) 언제 오셨어요？　　　　　A　아뇨, 아직 안 했어요.

(2) 얼마나 공부하셨어요？　　B　어제 왔어요.

(3) 어디에 가셨어요？　　　　C　갈비가 가장 맛있었어요.

(4) 뭐 하셨어요？　　　　　　D　아무것도 안 했어요.

(5) 식사하셨어요？　　　　　　E　서울에 갔어요.

(6) 뭐가 괜찮으셨어요？　　　F　한 1 년 정도 배웠어요.

応用練習

4. 次の文章は、森さんについての話です。森さんはあなたより年上の方です。森さんについて聞かれた質問に答えなさい。

모리 씨에 대하여

　모리 씨는 회사원이었습니다. 재작년에 회사를 그만두고 한국에 갔습니다. 서울에서 1 년 동안 한국어를 공부했습니다. 한국어는 대학교에서 배우고 학교 근처의 하숙집에서 살았습니다. 한국에서 한국 사람한테 일본어를 가르쳤습니다. 그리고 지난달에 한국 사람과 결혼했습니다. 신혼여행은 제주도로 3 박 4 일간 갔습니다.

(1) 모리 씨는 언제 한국에 가셨어요？

_____

(2) 모리 씨는 한국에서 뭐 하셨어요？

_____

(3) 모리 씨는 한국어를 얼마나 배우셨어요？

_____

(4) 모리 씨는 어디에서 사셨어요？

_____

(5) 모리 씨는 언제 결혼하셨어요？

_____

(6) 모리 씨는 신혼여행을 며칠 동안 가셨어요?

_____

聴いてみましょう　🎧73

5. 音声を聴いて質問に韓国語で答えなさい。

(1) 상민 씨는 제주도에 왜 갔습니까?

(2) 제주도에는 며칠 동안 갔습니까?

(3) 제주도 날씨는 어땠습니까?

(4) 요즘에도 한국 사람은 제주도로 신혼여행을 많이 갑니까?

書いてみましょう

6. 次は「私のある週末」です。これを「母のある週末」に書き替えてみましょう。

저는 교사예요. 저는 지난 주말에 일찍 일어났어요. 그리고 청소를 하고 빨래를 했어요. 오래간만에 빵을 만들었어요. 오후에는 친구를 만났어요. 그 친구하고 같이 영화관에 갔어요. 한국 영화를 봤어요. 영화가 끝나고 한국 음식을 먹었어요.

⇒

어머니께서는 교사세요. ----------------------- ----------------------- ----------------------- ----------------------- ----------------------- ----------------------- ----------------------- -----------------------

한국과 일본은 비슷하지만 많이 다르지요?

韓国と日本は似ているけど、けっこう違うでしょう？

74

김윤형 : 한국 사람하고 일본 사람은 식사 습관이 많이 다르지요 ?

후지이 : 네 , 일본 사람은 밥그릇을 들고 먹지만 한국 사람은 안 그래요 .

김윤형 : 그리고 일본 사람은 국수를 소리 내서 먹지만 한국에서는 실례예요 .

후지이 : 그래요 ?

김윤형 : 자동차 운전석도 다르지요 ?

후지이 : 네 , 일본 차 운전석은 오른쪽이지만 한국 차는 왼쪽이에요 .

語　彙　🎧75

▶ 会話

비슷하지만　似ているけど、ほぼ
　同じだけど（基本形「비슷하다」）

다르지요？　違うでしょう？（基
　本形「다르다」）

습관　習慣

밥그릇　茶碗、ご飯を入れる容器

들고 먹지만　（手に）持って食べる
　けれど

안 그래요.　そうじゃないです

국수　そば

소리 내서 먹다　すする（直訳：
　音を出しながら食べる）

실례　失礼

자동차　自動車

운전석　運転席

▶ 練習

봤다　見た（「보다」の過去形）

숙제　宿題

했다　した（「하다」の過去形）

멀다 ⇔ 가깝다　遠い⇔近い

야채　野菜

고기　お肉

교통비　交通費

습기　湿気

많다 ⇔ 적다　多い⇔少ない

온돌　オンドル

다다미　畳（たたみ）のハングル
　表記

겨울　冬

달라요？　違いますか

▶ 発音を練習してみましょう

・비슷하지만 →（実際の発音）[비스타지만]
　:激音化によってパッチム「ㅅ（代表音ㄷ）」は次の「ㅎ」と合わさって[ㅌ]
　となる。

・많이→（実際の発音）[마니]
　:二重パッチム「ㄶ」は母音の前では「ㄴ」を発音し、連音化（p173参
　照）する。

文　型

－ 지요 ?（確認：～でしょう？、～よね？）

　相手に確認をしたいときは、用言の語幹に「- 지요 ?」をつけます。会話では縮約した形の「- 죠 ?」がよく使われます。名詞の場合は「-（이）지요 ?」になります。

例) 내일 회사에 가지요 ?（明日会社に行くでしょう？）
　　네 , 가요 .（はい、行きます。）

　　다음 주에 오시죠 ?（来週来られますよね？）
　　아뇨 , 다음 주에는 안 와요 .（いいえ、来週は来ません。）

　　회사원이지요 ?（会社員ですよね？）
　　네 , 회사원이에요 .（はい、会社員です。）

－ 지만（逆接：～が、けれども）

　用言の語幹に「- 지만」がつくと、逆接の意味を表します。名詞の場合は、「-（이）지만」になります。

例) 맛있지만 비싸요 .（おいしいですが、値段が高いです。）
　　오늘은 약속이 없지만 내일은 바쁩니다 .
　　　　　　　　　　（今日は約束がありませんが、明日は忙しいです。）
　　주말이지만 명동에 사람이 별로 없어요 .
　　　　　　　　　　（週末ですが、明洞に人が少ないです。）
　　가수지만 별로 유명하지 않습니다 .
　　　　　　　　　　（歌手ですが、あまり有名ではありません。）

基本文型練習

1．次の文を「- 지요？」の文型を使って＜보기＞のような対話文にしなさい。

＜보기＞ 날씨가 좋다 → 가 : 날씨가 좋지요？

나 : 네 , 좋아요 .

(1) 다음 주에 오다　　　 → 가 : _____ ？

나 : 네 , _____ .

(2) 요즘 피곤하다　　　 → 가 : _____ ？

나 : 아뇨 , _____ .

(3) 한국 음식이 맛있다　 → 가 : _____ ？

나 : 네 , _____ .

(4) 어제 한국 뉴스를 봤다 → 가 : _____ ？

나 : 아뇨 , _____ .

(5) 한국어 숙제를 했다　 → 가 : _____ ？

나 : 네 , _____ .

(6) 대학생이다　　　　 → 가 : _____ ？

나 : 아뇨 , _____ .

2．次の２つの文を、「- 지만」を使い一つの文にしなさい。

(1) 학원은 회사에서 가깝다 ＋ 집에서 멀다

→ _____

(2) 야채는 먹다 ＋ 고기는 안 먹다

→ _____

(3) 일본은 교통비가 비싸다 ＋ 한국은 싸다

→ _____

(4) 일본은 여름에 습기가 많다 ＋ 한국은 적다

→ _____

(5) 한국에는 온돌이 있다 ＋ 일본에는 없다

→ _____

(6) 일본은 겨울이다 ＋ 호주는 여름이다

→ _____

3. 次の表を見て、質問に答えなさい。

한국	일본
국수를 소리 내서 안 먹다.	국수를 소리 내서 먹다.
자동차 운전석이 왼쪽에 있다.	자동차 운전석이 오른쪽에 있다.
교통비가 싸다.	교통비가 비싸다.
여름에 습기가 많지 않다.	여름에 습기가 많다.
집에 온돌이 있다.	집에 다다미가 있다.

Q1) 한국과 일본의 식사 습관은 어떻게 달라요?

　　→ 한국은＿＿＿＿＿＿＿＿지만 일본은＿＿＿＿＿＿＿＿

Q2) 한국과 일본의 자동차는 뭐가 달라요?

　　→ 한국은＿＿＿＿＿＿＿＿지만 일본은＿＿＿＿＿＿＿＿

Q3) 한국과 일본의 교통비는 어때요?

　　→ 한국은＿＿＿＿＿＿＿＿지만 일본은＿＿＿＿＿＿＿＿

Q4) 한국과 일본의 여름은 어때요?

　　→ 한국은＿＿＿＿＿＿＿＿지만 일본은＿＿＿＿＿＿＿＿

Q5) 한국과 일본의 집은 어때요?

　　→ 한국은＿＿＿＿＿＿＿＿지만 일본은＿＿＿＿＿＿＿＿

書いてみましょう

４．韓国と日本の違いについて、一つずつ簡単に挙げてみましょう。

例）男性・女性について
　　物価について
　　流行について　　など。

話してみましょう

５．上に書いた「韓国と日本の違い」について発表してみましょう。

제 15 과 온천에 가고 싶어요.

温泉に行きたいです。

오자키 : 석현 씨는 일본에서 뭐 하고 싶어요 ?

권석현 : 우선 온천에 가고 싶어요 .

오자키 : 그리고요 ?

권석현 : 친구하고 일본 애니메이션을 보고 싶어요 .

오자키 : 왜요 ?

권석현 : 제 친구가 미야자키 감독 작품을 보고 싶어 해요 .

오자키 : 미야자키 감독은 일본에서도 인기가 있어요 .

권석현 : 그리고…… 일본 여자 친구도 사귀고 싶어요 .

語　彙　⟨77⟩

▶ 会話

하고 싶어요?　したいですか
우선　まず、とりあえず
온천　温泉
애니메이션　アニメ
보고 싶어요　見たいです (基本形
　「보다」)
감독　監督
작품　作品
보고 싶어 해요　見たがっています
인기가 있다　人気がある
사귀다　付きあう、交際する

▶ 練習

갖고 싶다　欲しい
뭘　何を (「무엇 + 을」の縮約形)
여기저기　あっちこっち
구경하다　見物する
사진을 찍다　写真を撮る
졸업 후　卒業後
취직하다　就職する
여름방학　（学校の）夏休み
대학교　大学
우리　私たち、我々
바로　すぐ
유학하다　留学する

▶ 発音を練習してみましょう

・석현 씨 → （実際の発音）[서컨씨]
　：激音化によってパッチム「ㄱ」+「ㅎ」→ [ㅋ] の発音となる。
・싶어요 → （実際の発音）[시퍼요]
　：連音化（p173 参照）

文　型

ー고 싶어요 (希望：〜したいです)

　希望や願望の表現「〜したい」の表現は、用言の語幹に「- 고 싶다」をつけます。丁寧な表現は「- 고 싶습니다・싶어요」であり、疑問形は「- 고 싶습니까?・싶어요?」で語尾を上げて発音します。

　　例) 배우다 →　댄스를 배우고 싶어요. (ダンスを習いたいです。)
　　　　살다　 →　어디에서 살고 싶어요? (どこに住みたいですか?)

否定表現「〜したくないです」は「- 고 싶지 않아요」になります。

　　例) 여기에 있고 싶지 않아요. (ここにいたくないです。)
　　　　아무것도 먹고 싶지 않아요. (何も食べたくないです。)

ー고 싶어 해요 (第3者の希望：〜したがっています)

　第3者の希望を表す「〜したがる」は、用言の語幹に「- 고 싶어 하다」をつけます。丁寧な表現は「- 고 싶어 합니다・싶어 해요」です。

　　例) 어머니는 가방을 사고 싶어 해요. (母はカバンを買いたがっています。)
　　　　아이는　자전거를 갖고 싶어 해요.
　　　　　　　　　　　　　　　(子供は自転車を欲しがっています。)

第3者の希望表現の否定形は「- 고 싶어 하지 않아요」になります。

　　例) 친구는 그 사람을 만나고 싶어 하지 않아요.
　　　　(友達はその人に会いたがっていません。)

基本文型練習

1．次の文を「- 고 싶다」を使って指示どおりの文型に変えなさい。

(1) 어디에 가다（疑問文）

　　　　→＿＿＿＿＿＿＿＿＿＿＿＿＿＿＿＿＿

(2) 뭘 먹다（疑問文）

　　　　→＿＿＿＿＿＿＿＿＿＿＿＿＿＿＿＿＿

(3) 뭘 사다（疑問文）

　　　　→＿＿＿＿＿＿＿＿＿＿＿＿＿＿＿＿＿

(4) 여기저기 구경하다（平叙文）

　　　　→＿＿＿＿＿＿＿＿＿＿＿＿＿＿＿＿＿

(5) 사진을 많이 찍다（平叙文）

　　　　→＿＿＿＿＿＿＿＿＿＿＿＿＿＿＿＿＿

(6) 회사에 가다（否定文）

　　　　→＿＿＿＿＿＿＿＿＿＿＿＿＿＿＿＿＿

2. 次の希望表現を第 3 者の希望表現「- 고 싶어 해요」にしなさい。

(1) 한국에서 공부하고 싶어요 .

　메구미 씨는 ＿＿＿＿＿＿＿＿＿고 싶어 해요 .

(2) 졸업 후에 취직하고 싶어요 .

　순영 씨는 ＿＿＿＿＿＿＿＿＿＿＿＿

(3) 일요일에 공원에 가고 싶어요 .

　아이는 ＿＿＿＿＿＿＿＿＿＿＿＿

(4) 너무 비싸서 사고 싶지 않아요 .

　윤경 씨는 ＿＿＿＿＿＿＿＿＿＿＿＿

(5) 아무것도 먹고 싶지 않아요 .

　형빈 씨는 ＿＿＿＿＿＿＿＿＿＿＿＿

3. 次の質問に「- 고 싶다」を使って答えなさい。

(1) 친구하고 같이 식사해요 . 뭘 먹고 싶어요 ?

    → _____

(2) 여행을 가요 . 어디로 가고 싶어요 ?

    → _____

(3) 한국에 가요 . 뭐 하고 싶어요 ?

    → _____

(4) 한국에서 친구가 왔어요 . 어디를 안내하고 싶어요 ?

    → _____

(5) 동생 생일이에요 . 동생에게 뭘 주고 싶어요 ?

    → _____

(6) 생일이에요 . 뭘 갖고 싶어요 ?

    → _____

4. 次の文章の下線に「- 고 싶다」の文型を使って適切に変えて完成しなさい。

    저와 제 친구 메구미는 작년에 대학교에서 한국어를 배웠습니다 .
우리는 이번 여름 방학 때 서울에 한번 (가다) _____ .
 서울에서 여기저기를 (구경하다) _____ . 그리고
사진도 많이 (찍다) _____ . 우리는 내년에 대학교를 졸업합
니다 . 저는 졸업 후에 바로 (취직하다 – 希望の否定) _____ .
한국에서 (유학을 하다) _____ . 한 1 년 정도 한국어를
(배우다) _____ . 그리고 한국 회사에 (취직하다)
_____ . 하지만 메구미는 졸업 후에 바로 (취직하다)
_____ . 그리고 메구미는 1 년 후에 남자 친구와
(결혼하다) _____ . 하지만 저는 5 년 후에 (결혼하다)
_____ .

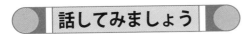
話してみましょう

5. 隣の人に、休みの予定や(学生には)卒業後の希望について尋ねてみましょう。

書いてみましょう

6. 次の中から一つ選び、「したいこと」について書きなさい。

① 休みのとき
② 韓国に行ったとき
③ 将来

● Review（第11課〜第15課）

1．次の日本語の単語は韓国語に、韓国語の単語は日本語にしなさい。

(1) まだ _____　　(2) 休暇 _____　　(3) 습관 _____

(4) 温泉 _____　　(5) 交通 _____　　(6) 얼마나 _____

(7) 우선 _____　　(8) 비슷하다 _____　　(9) 사귀다 _____

2．次の文を指示された形に直しなさい。

(1) 날씨가 좋아요 .（過去形に→）_____

(2) 뭐 먹었어요 ?（敬語表現に→）_____

(3) 학원에 다녀요 ?（敬語の過去形に→）_____

(4) 맛있다＋비싸요 .（「- 지만」で一文に→）_____

(5) 친구를 사귀고 싶어요 .（否定文に→）_____

(6) 한국 사람입니까 ?（敬語表現に→）_____

3．次の助詞の中から一つ選び書きなさい。

－ 한테　　－ 한테서　　－ 께　　－ 께서는　　－ (으) 로

(1) 신혼여행은 미국_____ 가요 .

(2) 아버지_____ 아침에 신문을 읽으세요 .

(3) 한국 사람_____ 일본어를 가르쳤어요 .

(4) 친구_____ 편지가 왔어요 .

(5) 어머니_____ 편지를 보냈어요 .

4．下線部分を正しい表現に書き直しなさい。

(1) 지난달에 서울에 <u>와요</u> . (　　　　　)

(2) 가 : 벌써 식사하셨어요 ? – 나 : 아직 식사 <u>안 해요</u> . (　　　　　)

(3) <u>어제에</u> 학원에 왔어요 . (　　　　　)

(4) 오늘은 약속이 <u>없으만</u> 내일은 있어요 . (　　　　　)

(5) 아무 데도 <u>가고 싶어요</u> . (　　　　　)

(6) 중국에 한번 <u>가 싶어요</u> . (　　　　　)

(7) 선생님께서는 지금 어디에 <u>있어요</u> ? (　　　　　)

5．次の文を韓国語にしなさい。

(1) その映画はご覧になりましたか。
　　→＿＿＿＿＿＿＿＿＿＿＿＿＿＿＿＿＿＿＿

(2) 料理お上手ですね。
　　→＿＿＿＿＿＿＿＿＿＿＿＿＿＿＿＿＿＿＿

(3) 旅行はどうでしたか。
　　→＿＿＿＿＿＿＿＿＿＿＿＿＿＿＿＿＿＿＿

(4) 日本は交通費が高いけど、韓国は安いでしょ？
　　→＿＿＿＿＿＿＿＿＿＿＿＿＿＿＿＿＿＿＿

(5) まだ結婚したくないです。
　　→＿＿＿＿＿＿＿＿＿＿＿＿＿＿＿＿＿＿＿

제 16 과　선물을 사서 돈을 많이 써요.
プレゼントを買うのでお金をたくさん使います。

손진아 : 5 월에는 선물을 많이 사서 돈을 많이 써요 .

히다카 : 왜요 ?

손진아 : 어린이날 , 어버이날 , 스승의날이 있어서요 .

히다카 : 어버이날이 뭐예요 ?

손진아 : 아버지와 어머니의 날이에요 . 부모님께 선물을
　　　　드려요 .

히다카 : 스승의날은 뭐예요 ?

손진아 : 선생님의 날이에요 .

히다카 : 그래요 ? 진아 씨 , 있잖아요 …… 5 월에 제 생
　　　　일도 있어요 .

語　彙　🎧79

▶ 会話

사서　買うので、買って（理由）

돈　お金

써요　使います (基本形「쓰다」< 으不規則活用＞)

왜요 ?　どうしてですか

있어서요　あるからです (「있어서」+「요」)

어버이날　父と母の日

스승의날　先生の日

부모님　両親

드려요　差しあげます (基本形「드리다」)

있잖아요　（前置き）えーと、あのですね

▶ 練習

키가 크다　背が高い ⇔ 키가 작다

아프다　痛い

늦다　遅れる、遅い

택시를 타다　タクシーに乗る

쉬는 날　休みの日

너무　あまりにも、とても

배가 고프다　お腹が空く

울다　泣く

바겐세일　バーゲンセール

늦잠을 자다　朝寝坊する

지각하다　遅刻する

▶ 発音を練習してみましょう

・5 (오) 월에는 → （実際の発音）[오워레는]
　 : 連音化（p173）参照。

・있잖아요 → （実際の発音）[일짜나요]
　 : 濃音化（p177 参照）によってパッチム「ㅆ（代表音ㄷ）」の次の「ㅈ」は「ㅉ」の発音となる。また、二重パッチムの「ㄶ」の「ㅎ」は発音されない（p173 参照）。

－ 아 / 어서 （理由・原因：～ので）

理由や原因を表す連結語尾で、「- 아서」（語幹の母音が「ㅏ, ㅗ」の場合）または「- 어서」（語幹の母音が「ㅏ, ㅗ」以外の場合）で文をつなげます。

例）바람이 불다 + (그래서) + 춥습니다 .
　　　 風が吹く＋ （それで） ＋寒いです
　　 →바람이　　불어서　　춥습니다 .

ただし、過去のことを述べるときは「- 아 / 어서」に過去形「- 았 / 었」をつけることはできませんので気をつけてください。

例）너무 맛있어서 또 먹었어요 .　　（○）
　　너무 맛있었어서 또 먹었어요 .　　（×）

名詞の場合には、直前の文字にパッチムがない場合は「여서」が、パッチムがある場合は「이어서」が用いられます。

例）장마이다 → 장마여서 무덥습니다 .　（梅雨なのでむし暑いです。）
　　일요일이다→일요일이어서 사람이 많습니다 .

　　　　　　　　　　　　　　　　　　　（日曜日なので人が多いです。）

＜参考＞「- 여서 /- 이어서」は、それぞれを「- 라서 /- 이라서」の表現でもよく使われます。

「으」불규칙활용 （으 不規則活用）

「바쁘다」「예쁘다」「쓰다」のように、語幹が母音「ㅡ」で終わる用言に「- 아 / 어」をつなげるときは、母音「ㅡ」が脱落し、その前の文字の母音が陽母音の場合は「- 아」が、陰母音の場合は「- 어」が付きます。
　　ただし、「쓰다」のように、語幹の母音「ㅡ」が語頭にある場合は、「- 어」を付けてつなげます。

基本形	語幹	－ 아 / 어요 , － 아 / 어서
바쁘다	바쁘	바ㅃ (母音「ㅡ」脱落)＋ 아요 ⇒ 바빠요 , 바빠서
예쁘다	예쁘	예ㅃ (母音「ㅡ」脱落)＋ 어요 ⇒ 예뻐요 , 예뻐서
쓰다	쓰	쓰 (母音「ㅡ」脱落)＋ 어요 ⇒ 써요 , 써서

基本文型練習

1. 次の「ㅡ 不規則」の用言を「- 아 / 어요」「- 았 / 었어요」「- 아 / 어서（理由）」の形に変えなさい。

	－ 아 / 어요	－ 았 / 었어요	－ 아 / 어서
아프다 痛い			
바쁘다 忙しい			
배가 고프다 お腹が空く			
슬프다 悲しい			
예쁘다 かわいい、綺麗だ			
쓰다 使う、書く			
크다 大きい			

2. 次の二つの文を「‐아／어서」でつなげて＜보기＞のように一つの文にしなさい。

＜보기＞머리가 아프다 ＋ 병원에 갔다
→ 머리가 아파서 병원에 갔어요.

(1) 늦다 ＋ 택시를 탔다
→＿＿＿＿＿＿＿＿＿＿＿＿＿＿＿＿＿＿

(2) 일이 많다 ＋ 바쁘다
→＿＿＿＿＿＿＿＿＿＿＿＿＿＿＿＿＿＿

(3) 피곤하다 ＋ 쉬었다
→＿＿＿＿＿＿＿＿＿＿＿＿＿＿＿＿＿＿

(4) 쉬는 날이다 ＋ 쇼핑을 했다
→＿＿＿＿＿＿＿＿＿＿＿＿＿＿＿＿＿＿

(5) 물건이 싸다 ＋ 많이 샀다
→＿＿＿＿＿＿＿＿＿＿＿＿＿＿＿＿＿＿

(6) 키가 크다 ＋ 멋있다
→＿＿＿＿＿＿＿＿＿＿＿＿＿＿＿＿＿＿

応用練習

3. 左の（1）〜（6）のそれぞれの適切な後文をA〜Fから探し、例のように
言ってみましょう。

(1) 왜 울었어요 ?　　　　　　　A. 아직 결혼하고 싶지 않다
(2) 왜 결혼 안 했어요 ?　　　　B. 어제 회사 일이 너무 바쁘다
(3) 어제 왜 안 왔어요 ?　　　　C. 어제 저녁에 술을 많이 마시다
(4) 왜 머리가 아프세요 ?　　　D. 영화가 너무 슬프다
(5) 왜 물건을 많이 샀어요 ?　　E. 배가 아프다
(6) 왜 병원에 가셨어요 ?　　　F. 백화점 세일이다

(1) 영화가 너무 슬퍼서 울었어요 . / 영화가 너무 슬퍼서요 .
(2) ＿＿＿＿＿＿＿＿＿＿＿＿＿＿＿＿＿＿＿＿＿＿

(3) _____

(4) _____

(5) _____

(6) _____

4．次の文章は「聖子さんの一日について」です。下線部には（　　）内の用言を「-아 / 어서」につなげた形に直し、文章を読んで質問に答えなさい。

세이코 씨의 하루 （聖子さんの一日）

어제는 （쉬는 날이다）＿＿＿＿＿＿ 오후에 쇼핑을 했습니다.
백화점에서는 바겐세일을 했습니다. 값이 （싸다）＿＿＿＿＿
쇼핑을 많이 했습니다. 그래서 돈을 많이 썼습니다.
　저녁에는 친구하고 영화를 봤습니다. 영화가 너무 （슬프다）
＿＿＿＿＿＿ 울었지만 재미있었습니다. 그리고 우리는 영화가
끝나고 （배가 고프다）＿＿＿＿＿＿ 식사를 했습니다. 식사가
끝나고 많이 （피곤하다）＿＿＿＿＿＿ 택시로 집까지 왔습니다.
오늘 아침에는 늦잠을 （자다）＿＿＿＿＿＿ 회사에 지각했습니다.

Q 1) 세이코 씨는 왜 돈을 많이 썼어요?
　　　→ _____

Q 2) 세이코 씨는 왜 물건을 많이 샀어요?
　　　→ _____

Q 3) 세이코 씨는 왜 울었어요?
　　　→ _____

Q 4) 세이코 씨는 왜 집까지 택시를 탔어요?
　　　→ _____

Q 5) 세이코 씨는 왜 회사에 지각했어요?
　　　→ _____

제 17 과 결혼식에 뭘 입고 가면 돼요?

結婚式に何を着ていけばいいですか。

80

한예지 : 이번 주 토요일에 친구가 결혼해서 결혼식에
        가요 .

오구라 : 그래요 ?

한예지 : 저……, 결혼식에 뭘 입고 가면 돼요 ?

오구라 : 글쎄요…….

한예지 : 여자들은 기모노를 입고 가도 돼요 ?

오구라 : 그럼요 . 그런데 , 한국에서는 한복을 입고 가도
        돼요 ?

한예지 : 한복을 입고 가면 모두 웃어요 .

오구라 : 왜요 ?

한예지 : 한복은 가족들만 입어요 .

語　彙 🎧81

▶ 会話

결혼식　結婚式
저……　あの…
입고 가다　着て行く(입다<着る>＋가다<行く>)
입고 가면 돼요?　着て行けばいいですか
여자들　女性達(「들」は複数を表す)
기모노　着物
입고 가도 돼요?　着て行ってもいいですか
그럼요　もちろんです
한복　韓服(韓国の民族衣装)
모두　みんな
웃어요　笑います(基本形「웃다」)
- 만　助詞「～だけ」

▶ 練習

길　道
건너다　渡る
주차하다　駐車する
앉다　座る
담배를 피우다　タバコを吸う
자전거를 세우다　自転車を止める
찾다　探す
잡채　(料理名)チャプチェ
약국　薬局
단어　単語
사전　辞書、辞典
도로　道路
노약자석 <老弱者席>　優先席

▶ 発音を練習してみましょう

・결혼해서 →（実際の発音）[결혼해서] / [겨로내서]
　:「ㅎ」の弱音化と連音化によって発音が変わる。
・결혼식에 →（実際の発音）[결혼시게] / [겨론시게]
　:「ㄹ」の後の「ㅎ」の音はほぼ発音されず、パッチム「ㄹ」は連音化される。

文型

- 아 / 어도 돼요？ (許可求め：～してもいいですか)

「- 아 / 어도 돼요？」は、相手に許可を求める表現で、用言の語幹の母音が「ㅏ , ㅗ」の場合は「- 아도」が、語幹の母音が「ㅏ , ㅗ 以外」の場合は「- 어도」が付きます。「돼요」は、基本形「되다」から活用された形です。

例）같이 가도 돼요？ (いっしょに行ってもいいですか。)

「- 아 / 어도 돼요？ (～してもいいですか)」に対する応答が肯定の場合は、語尾を下げて「네 , - 아 / 어도 돼요 (はい、～してもいいですよ)」「네 , -(으) 세요 (はい、どうぞ)」になります。否定の場合は「안 돼요 (だめです)」,「-(으) 면 안 돼요 (～してはいけません)」のように答えます。

例）여기서 사진을 찍어도 돼요？ (ここで写真を撮ってもいいですか。)
　　(肯定) 네 , 찍어도 돼요 . (はい、撮ってもいいですよ。)
　　　／　네 , 찍으세요 . (はい、どうぞ〔撮って下さい〕)
　　(否定) 안 돼요 . (だめです)
　　　／　여기서 사진을 찍으면 안 돼요 .

　　　　　　　　　　　　(ここで写真を撮ってはいけません。)

-(으) 면 돼요？ (～すればいいですか)

「～すればいい」は「-(으) 면 되다」で、丁寧表現の疑問文は「-(으) 면 돼요？」で語尾を上げ、平叙文は「-(으) 면 돼요」で語尾を下げて発音します。

例）몇 시까지 가면 돼요？ (何時までに行けばいいですか。)
　　9 시까지 오면 돼요 . (9 時までに来ればいいです。)

　　어떻게 먹으면 돼요？ (どうやって食べればいいですか。)
　　젓가락으로 먹으면 돼요 . (箸で食べればいいです。)

–(으) 면 （仮定・条件：〜ば、〜たら）

「-(으) 면」は「〜すれば」「〜したら」の仮定や条件を表す表現で、用言の語幹パッチムの有無によって使い分けられます。

例) 돈이 있<u>으면</u> 여행하고 싶어요 . （お金があ<u>れば</u>旅行したいです。）
　　공항에 도착하<u>면</u> 전화 주세요 . （空港に着い<u>たら</u>電話ください。）

基本文型練習

1. 次の単語を下線部にあてはまるように活用し、対話文を完成させなさい。

> 가 : _____아 / 어도 돼요 ?
> 나 : 네 , _____아 / 어도 돼요 . (又は) 아뇨 , _____(으) 면 안 돼요 .

(1) 길을 건너다

(2) 주차하다

(3) 여기에 앉다

(4) 담배를 피우다

(5) 자전거를 세우다

(6) 핸드폰을 쓰다

2. 次の単語を＜보기＞のように対話文を作りなさい。

> ＜보기＞ (어떻게 / 가다 / 버스)
> 　　가 : 어떻게 가면 돼요 ? – – – 나 : 버스로 가면 돼요 .

(1) (어떻게 / 먹다 / 숟가락)

(2) (몇 시까지 / 오다 / 6:20)

(3) (어디로 / 가다 / 역)

(4) (언제 / 전화하다 / 저녁)

(5) (무슨 음식 / 만들다 / 잡채)

(6) (누구 / 찾다 / 박 선생님)

3. 左の（1）〜（6）のそれぞれの適切な後文をA〜Fから探し、＜보기＞のように言ってみましょう。

＜보기＞ 한국어를 잘하면 한국 친구를 사귀고 싶어요.

(1) 한국어를 잘하다   A. 약국이 있다

(2) 주말에 날씨가 좋다   B. 한국에 가고 싶다

(3) 여기에서 오른쪽으로 가다   C. 택시로 가다

(4) 비행기 표가 싸다   D. 사전을 찾다

(5) 단어를 모르다   E. 한국 친구를 사귀고 싶다

(6) 역에서 멀다   F. 공원에 가고 싶다

4. 次の絵を見て質問に答えなさい。

(1)

길을 건너도 돼요?

(2)

주차해도 돼요?

(3)

여기 앉아도 돼요?

(4)

담배를 피워도 돼요?

(5)

자전거를 세워도 돼요?

(6)

핸드폰을 써도 돼요?

話してみましょう

5．次の質問に対して日本と韓国はどう違うのか話してみましょう。

	＜일본＞ －아 / 어도 돼요 (又は) －(으) 면 안 돼요	＜한국＞ －아 / 어도 돼요 (又は) －(으) 면 안 돼요
(1) 아버지 앞에서 담배를 피워도 돼요？		
(2) 병원에서 핸드폰을 써도 돼요？		
(3) 도로에서 자전거를 타도 돼요？		
(4) 노약자석에 앉아도 돼요？		
(5)		

＊（5）は、自由に文を作ってみましょう。

聴いてみましょう 82

6．音声を聴いて質問に韓国語で答えなさい。

(1) 여기에서 담배를 피워도 돼요？

(2) 왜 안 돼요？

(3) 어디에서 담배를 피우면 돼요？

제 18 과　식사라도 같이 할까요?

食事でも一緒にしましょうか。

🎧 83

문경욱 : 오늘 저녁에 약속 있어요?

요코 　 : 아뇨, 왜요?

문경욱 : 그럼, 식사라도 같이 할까요?

요코 　 : 좋아요. 어디에서 만날까요?

문경욱 : 명동역 앞에서 만날까요?

요코 　 : 네, 몇 시가 좋으세요?

문경욱 : 7 시 반은 어때요?

요코 　 : 괜찮아요.

문경욱 : 그럼, 이따가 봅시다.

語　彙　🎧84

▶ 会話

- 라도　～でも（直前の文字にパッチムがある場合には「-이라도」）

할까요？　しましょうか（基本形「하다」）

만날까요？　会いましょうか（基本形「만나다」）

괜찮아요　大丈夫です

이따가　あとで（当日中を指す場合に使う。「나중에」は翌日以後を指す場合にも使える）

봅시다　会いましょう（「보다」には「見る」と「会う」の意味がある。例）보고 싶다 ＜会いたい＞）

▶ 練習

차　お茶

선물로　プレゼントとして

컵　コップ

레스토랑　レストラン

놀다　遊ぶ

시작하다　始める

프로야구　プロ野球

도쿄 돔　東京ドーム

장소　場所

극장　劇場

디너　ディナー

뷔페　バイキング、ビュッフェ

호텔　ホテル

문화회관　文化会館

발레　バレエ

▶ 発音を練習してみましょう

・같이 → （実際の発音）[가치]
　:口蓋音化（p180）によって、パッチム「ㅌ」の後ろに「이」がくると［치］の発音となる。

・좋아요 → （実際の発音）[조아요]
　:パッチム「ㅎ」は母音の前では発音されない。

・괜찮아요 → （実際の発音）[괜차나요]
　:連音化（p173）参照。

文　型

－[으]ㄹ까요? （勧誘：〜ましょうか）

　相手を勧誘したり意思を尋ねたり、あるいは同意を求めるとき使われる表現です。語幹にパッチムがある場合は「- 을까요？」が、パッチムがない場合は「- ㄹ까요？」がつきます。ただし、「만들다」のように語幹のパッチムが「ㄹ」のときは「ㄹ」が脱落します。

　例）앉다　　→　　여기에 앉을까요？（ここに座りましょうか。）
　　　마시다 →　　커피라도 마실까요？（コーヒーでも飲みましょうか。）
　　　만들다 →　　뭘 만들까요？（何を作りましょうか。）

－[으]ㅂ시다 （勧誘：〜ましょう）

　相手と何かの動作をいっしょにするよう誘うときには「-（으）ㅂ시다」を使います。語幹にパッチムがある場合は「- 읍시다」を、パッチムがない場合は「- ㅂ시다」をつけます。ただし、「-（으）ㅂ시다」の表現は、目上の人には失礼になるので使わないようにしましょう。勧誘の表現として、「- 아 / 어요」も使えます。

　例）앉다 → 여기에 앉읍시다 . / 앉아요 .（ここに座りましょう。）
　　　가다 → 빨리 갑시다 . / 가요 .（はやく行きましょう。）
　　　만들다 → 카레를 만듭시다 . / 만들어요 .（カレーを作りましょう。）

－[으]러 （目的：〜しに）

　目的を表す「〜しに」の表現で、語幹のパッチムの有無によって「- 으러」又は「- 러」をつけます。ただし、「ㄹ」パッチムの場合は、「- 러」をつけ、パッチムがないときと同じような形になります。この表現に続く動詞は「行く、来る」のように移動を表す動詞がいっしょによく使われます。

　例）서류를 받으러 왔습니다 .（書類をもらいに来ました。）
　　　아르바이트를 하러 갑니다 .（アルバイトをしに行きます。）
　　　놀러 갑시다 .（遊びに行きましょう。）

基本文型練習

1. 次の動詞を「-(으) ㄹ까요 ?」「-(으) ㅂ시다」の形にしなさい。

	– (으) ㄹ까요 ?	– (으) ㅂ시다
가다		
오다		
만나다		
보다		
사다		
타다		
내리다		
먹다		
읽다		
식사하다		
만들다		
음식을 시키다		
사진을 찍다		
전화를 걸다		

2. 括弧の中の単語を使って＜보기＞のように言ってみましょう。

> ＜보기＞ (부산 / 제주도) 가다
> 　　　→가 : 부산에 갈까요 ? 제주도에 갈까요 ?
> 　　　　나 : 제주도에 갑시다 . / 제주도에 가요 .

(1)(술 / 차) 마시다

　가 : ＿＿＿＿＿＿＿＿＿＿＿＿＿＿＿

　나 : ＿＿＿＿＿＿＿＿＿＿＿＿＿＿＿

(2) (택시 / 지하철) 타다

　　가 : _____

　　나 : _____

(3) (고기 / 찌개) 먹다

　　가 : _____

　　나 : _____

(4) (토요일 / 일요일) 만나다

　　가 : _____

　　나 : _____

(5) 선물로 (컵 / 책) 사다

　　가 : _____

　　나 : _____

(6) (불고기 / 나물) 만들다

　　가 : _____

　　나 : _____

3. Ａに与えられた単語を入れて質問文を作り、Ｂにはその答えとなるようにa
〜fから適切な言葉を選んで対話文を完成させなさい。

| ___Ａ___ 에 왜 가요? --- ___Ｂ___ (으) 러 가요 . |

　　　　Ａ　　　　　　　　　　Ｂ

(1) 도서관　　　　　　　a. 식사를 하다

(2) 학원　　　　　　　　b. 책을 빌리다

(3) 아베 씨 집　　　　　c. 한국어를 배우다

(4) 우체국　　　　　　　d. 편지를 보내다

(5) 레스토랑　　　　　　e. 놀다

(6) 공원　　　　　　　　f. 사진을 찍다

応用練習

4．次の会話の例を使って、チケット A ～ D の中から一つ選び相手を誘ってみましょう。

A : _____에 약속 있어요 ?

B : 아뇨 , 왜요 ?

A : 시간이 있으면 _____(이) 라도 같이 _____(으) 러
　　갈까요 ?

B : 좋아요 . 그건 몇 시부터예요 ?

A : _____부터 시작해요 .

B : 몇 시에 만날까요 ?

A : 괜찮으면 _____시에 만날까요 ?

B : 네 , 좋아요 . 어디에서 만날까요 ?

A : _____은 / 는 어때요 ?

B : 좋아요 .

A : 그럼 , ___(場所) 에서 / (時間) 에 봅시다 .

★チケット A

♠♠♠　프로야구　♠♠♠
야쿠르트 대 (対) 한신

시간 : 일요일 오후 6 : 30
장소 : 도쿄 돔

★チケット B

한국 영화◆◇◆ 왕의 남자

시간 : 수요일　오후 8 시 40 분
장소 : 신주쿠 극장

★チケット C

디너 (뷔페)
♡♥♡♥♡♥
시간 : 목요일
오후 5 : 00 ~ 7 : 50
장소 : 신라호텔

★チケット D

발레　♬♪♬♪・・・
백　조　의　호　수

시간 : 금요일 5 시
장소 : 세종문화회관

話してみましょう

5．相手を食事やイベントなどに誘ってみましょう。

제19과 사진 좀 찍어 주시겠어요?

写真をちょっと撮っていただけますか。

🎧 85

노리코 : 벚꽃이 정말 예쁘네요 . 한국에서도 꽃구경해요 ?

강민수 : 네 , 봄에는 꽃구경하러 많이 가요 .

노리코 : 일본하고 같네요 . 저기서 사진 찍을까요 ?

강민수 : 좋아요 .

노리코 : 저……, 죄송합니다만 , 사진 좀 찍어 주시겠어요 ?

지나가는 사람 : 네 . 하나 , 둘 , 셋 !

노리코와 민수 : 감사합니다 .

노리코 : 아 ! 미안합니다만 , 한 장 더 찍어 주세요 . 눈을 감았어요 .

語　彙　86

▶ 会話

찍어 주시겠어요?　撮っていただ
　けますか

벚꽃　桜の花

예쁘네요　綺麗ですね

꽃구경　花見

봄　春

하러 가요　しに行きます

같네요　同じですね

죄송합니다만　すみませんが

아! 미안합니다만　あ、すみませ
　んが

한 장　一枚

더　もっと

찍어 주세요　撮ってください

눈을 감다　目をつぶる

▶ 練習

치우다　片付ける

바꾸다　換える、変える

창문을 닫다　窓を閉める

천천히　ゆっくり

팬　ファン

사인　サイン

관광지　観光地

교실　教室

전화할 때　電話するとき

통역하다　通訳する

포장하다　包む

다시 한 번　もう一度

빌리다　借りる

손님　お客

점원　店員

갖다 주다　持ってきてくれる

▶ 発音を練習してみましょう

・같네요 →（実際の発音）[간네요]
　：鼻音化（p174）によってパッチム「ㅌ」は［ㄴ］となる

・부탁하지 →（実際の発音）[부타카지]：激音化（p176）参照。

・감았어요 →（実際の発音）[가마써요]：連音化（p173）参照。

文　型

－ 아 / 어 주시겠어요 ?（依頼：～していただけますか）

　丁寧な依頼表現で「- 아 / 어 주시겠어요 ?」又は「- 아 / 어 주시겠습니까 ?」が使われます。基本形「주시다」は「くださる」という意味で、直訳すると「～してくださいますか」の意味になります。副詞「좀（ちょっと）」がいっしょに使われることが多いです。

　例）(좀) 빌려 주시겠어요 ? / 빌려 주시겠습니까 ?（貸していただけますか。）
　　　안내 (좀) 해 주시겠어요 ? / 안내해 주시겠습니까 ?
　　　　　　　　　　　　　　　　　　（案内していただけますか。）

－ 아 / 어 주세요（依頼：～してください）

　「- 아 / 어 주세요」は依頼の表現での「～してください」にあたります。よりフォーマルな言い方としては「- 아 / 어 주십시오」が使われます。

　例）창문을 열어 주세요 .（窓を開けてください。）
　　　포장해 주세요 .（包装してください。）
　　　다시 한 번 말씀해 주십시오 .（もう一度おっしゃってください。）

－ ㅂ / 습니다만（～ですが・ますが）

　逆接を表すとき使われる表現ですが、何かを依頼する際に「실례합니다만」「미안합니다만」のように前置きとして用いられることが多いです。

　例）죄송합니다만 , 좀 더 기다려 주시겠어요 ?
　　　　　（すみませんが、もうちょっと待っていただけますか。）

「できる韓国語」シリーズ レベルマップ

無料動画解説配信
音声付き

レベル	韓国語能力試験(TOPIK)	ハングル能力検定試験	テキスト	ワークブック	副教材	韓国語能力試験対策教材
ハングル入門			MY FIRST KOREAN			
初級	1級	5級	初級Ⅰ / #中・高校生の基本編	初級Ⅰ ワークブック	Blu-ray 版 初級Ⅰ動画レッスン / 初級Ⅰ・Ⅱ会話トレーニング / 初級文型トレーニング / 初級 リスニング / 初級単語集	新・合格できる 韓国語能力試験 TOPIK Ⅰ / 新・合格できる 韓国語能力試験 TOPIK Ⅰ必修単語集
	2級	4級	初級Ⅱ	初級Ⅱ ワークブック		
初中級	2~3級	4~3級	初中級ブリッジ			新・合格できる 韓国語能力試験 TOPIK Ⅱ / 新・合格できる 韓国語能力試験 TOPIK Ⅱ必修単語集
中級	3級	3級	中級Ⅰ	中級Ⅰ ワークブック	中級単語集	
	4級	準2級	中級Ⅱ	中級Ⅱ ワークブック		

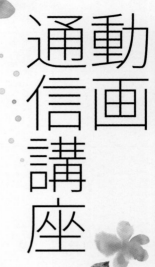

動画通信講座

・新大久保語学院の授業完全収録・

「できる韓国語」シリーズの教材の講義内容をまとめた動画です。動画はいつでも繰り返して視聴が可能ですので、ご自身のペースで学習が進められます。
動画以外にも課ごとの「**単語テスト**」や学習進捗が測れる「**確認テスト**」なども用意してあります。
お試し版もありますので、ぜひご覧ください。

動画通信の例

単語テストの例

♥ **講座リスト**
入門
初級Ⅰ / 初級Ⅰワークブック
初級Ⅱ / 初級Ⅱワークブック
初中級ブリッジ
中級Ⅰ / 中級Ⅰワークブック
中級Ⅱ
会話トレーニング 初級Ⅰ・Ⅱ

詳細はこちら ➡

全講座（約10,000分収録）見放題

月**4,400**円 （学生割引あり：月**2,200**円）税込

オンラインでテスト

TOPIKやハングル能力検定の模擬テストなどをオンラインでチャレンジできます。
試験対策としてご活用ください。

▶ テスト結果レポート付き
▶ 間違った問題の解説付き

⬆詳細はこちら

基本文型練習

1．次の用言を「- 아 / 어 주시겠어요 ?」と「- 아 / 어 주세요」の文型に変えなさい。

	– 아 / 어 주시겠어요 ?	– 아 / 어 주세요
가다		
기다리다		
가르치다		
치우다		
바꾸다		
사진을 찍다		
창문을 닫다		
천천히 말하다		

2．<보기>のように「- ㅂ / 습니다만 , - 아 / 어 주시겠어요 ?」の形に変えなさい。

> <보기> (죄송하다 / 사진을 찍다)
> → 죄송합니다만 , 사진을 (좀) 찍어 주시겠어요 ?

(1) 미안하다 / 펜을 빌리다

　　　　　　→ _____

(2) 죄송하다 / 문을 열다

　　　　　　→ _____

(3) < 전화 > 실례하다 / 어머니를 바꾸다

　　　　　　→ _____

(4) 지금 안 계시다 / 나중에 전화하다

　　　　　　→ _____

(5) 팬이다 / 사인하다

　　　　　　→ _____

(6) 역 앞에 있다 / 지금 오다

　　　　　　→ _____

3．次の場面で使われそうな表現を下から選び「- 아 / 어 주시겠어요 ?」または「- 아 / 어 주세요」の形に変えなさい。

(1) 식당에서 :

(2) 택시에서 :

(3) 관광지에서 :

(4) 교실에서 :

(5) 전화할 때 :

---

①가르치다　　②사진을 찍다　　③롯데 호텔에 가다
④바꾸다　　⑤기다리다　　⑥치우다　　⑦통역하다
⑧창문을 닫다　　⑨포장하다　　⑩다시 한 번 말하다

聴いてみましょう 87

4．音声を聴いて内容と一致するものには○を、一致しないものには×をつけなさい。

(1) 여기는 식당입니다 .　　　　　　(　　)
(2) 손님은 술을 주문했습니다 .　　　(　　)
(3) 손님은 김치를 주문했습니다 .　　(　　)
(4) 점원은 숟가락을 갖다 주었습니다 .　(　　)

<table>
<tr><td>補足</td><td>「〜してください」は「-（으）세요」？
あるいは「- 아 / 어 주세요」？</td></tr>
</table>

　韓国語の「－（으）세요」と「－ 아 / 어 주세요」は日本語では両方とも「〜してください」になります。では、「－（으）세요」と「－ 아 / 어 주세요」はどう違うでしょう。

　さあ、ここでクイズです。公園で写真を撮ってもらいたいとき、みなさんは通りかかる人に「사진 좀 찍으세요」と「사진 좀 찍어 주세요」、どちらの言い方をしますか。この場面では相手に命令ではなく依頼する立場なので、当然「사진 좀 찍어 주세요」と言うべきでしょう。

　しかし、教室で先生が「여기 보세요」と言うのは、生徒さんに頼むことではなく指示や命令に近いからです。

　つまり、「－（으）세요」は「丁寧な指示・命令」の際に、「－ 아 / 어 주세요」は「頼み、依頼」の際に用いられる表現です。

＜練習問題＞
1. < 프러포즈 >
　　진아 씨 , (결혼하다) ＿＿＿＿＿＿＿＿ .

2. < 길에서 >
　　저기요 , 역까지 어떻게 가요 ? 길 좀 (가르치다) ＿＿＿＿＿＿＿ .

3. < 아들이 어머니에게 >
　　어머니 , 게임기 좀 (사다) ＿＿＿＿＿＿＿ .

4. < 선생님이 학생에게 >
　　모두 여기에 이름을 (쓰다) ＿＿＿＿＿＿＿ .

5. < 의사가 환자에게 >
　　지훈 씨 , 매일 (운동하다) ＿＿＿＿＿＿＿ .

6. < 직원 (職員) 이 손님에게 >
　　여기에 도장을 (찍다) ＿＿＿＿＿＿＿ .

제 20 과 자전거를 탈 수 있어요?

自転車に乗ることができますか。

🎧 88

무라마치 : 일본 생활은 어때요?

남인영　: 재미있어요. 요즘에는 자전거를 연습하고 있
　　　　　어요.

무라마치 : 인영 씨, 자전거 못 타요?

남인영　: 네, 못 타요. 일본 사람은 다 자전거를 탈 수
　　　　　있어요?

무라마치 : 거의 자전거를 탈 수 있어요. 보통 어릴 때부
　　　　　터 배워요. 서울에서는 자전거를 안 타요?

남인영　: 물론 타지만 자전거로 출퇴근은 거의 안 해요.

語　彙　🎧89

▶ 会話

생활　生活

연습하다　練習する

못 타요 ?　乗れないんですか

다　みんな、全部

자전거를 타다　自転車に乗る (「〜
　に乗る」は「- 을 / 를 타다」)

탈 수 있어요 ?　乗ることができま
　すか (基本形「타다」の可能表現)

거의　ほとんど

어릴 때　幼いとき、小さいとき

물론　もちろん

출퇴근　出社・退社、通勤

▶ 練習

운전하다　運転する

스키를 타다　スキーをする

피아노를 치다　ピアノを弾く

매운 것　辛いもの

다니다　通う

잘　よく

스타벅스　スターバックス

금연　禁煙

수영장 < 水泳場 >　プール

샴푸　シャンプー

비누　せっけん

사용　使用

금지　禁止

박물관　博物館

들어가다　入っていく、入る

소주　焼酎

맥주　ビール

▶ 発音を練習してみましょう

・연습하고 → （実際の発音）[연스파고]
　：激音化（p176 参照）によってパッチム「ㅂ」+「ㅎ」→［ㅍ］の発音
　となる。

・거의 → （実際の発音）[거이]
　：「의」（p179）は、音節の最初でないときには［이］の発音となる。

・안 해요 → （実際の発音）[안해요] / [아내요]
　：「ㅎ」弱音化（p175）参照。

文　型

-[으]ㄹ 수 있어요 （能力・可能：〜することができます）

　　能力や可能性を尋ねるときには、語幹のパッチムの有無によって「-（으）ㄹ 수 있어요？」が使われます。平叙文の「〜することができます」は語尾を下げて「-（으）ㄹ 수 있어요.」となります。書くときには「ㄹ＾수＾있어요」のように「수」の前後に一マスずつ開けて表記します。

　　例）＜能力＞한글을 <u>읽을</u> 수 있어요？（ハングルが<u>読めますか</u>。）

　　　　　　　　　　　　　　　　　注！）助詞に注意：한글이（×）

　　　네, <u>읽을</u> 수 있어요.（はい、<u>読めます</u>。）

　　　＜可能性＞몇 시부터 들어갈 수 있어요？

　　　　　　　　　　　　　　（何時から<u>入ることができますか</u>。）

못- / -[으]ㄹ 수 없어요 （不可能：〜することができません）

　　不可能の表現は「못 -」または語幹のパッチムの有無によって「-（으）ㄹ 수 없어요」が使われます。

　　例）바빠서 못 가요. / 갈 수 없어요.（忙しくて行けません。）
　　　　짜서 못 먹어요. / 먹을 수 없어요.（塩辛くて食べられません。）
　　　　여기에서는 수영을 못 해요. / 할 수 없어요.

　　　　　　　　　　　　　　（ここでは水泳が<u>できません</u>。）

-고 있어요 （現在進行：〜ています）

　　現在進行中のことを述べるときは、用言の語幹に「- 고 있어요」をつけます。

　　例）지금 요리를 하고 있어요.（今、料理を<u>しています</u>。）
　　　　요즘 학교에 <u>다니고 있어요</u>.（最近学校に<u>通っています</u>。）

基本文型練習

1. 次を「-(으) ㄹ 수 있어요」及び「못 -」/「-(으) ㄹ 수 없어요」の文型に変え
なさい。

	– (으) ㄹ 수 있어요	못 – / – (으) ㄹ 수 없어요
(1) 운전하다		
(2) 스키를 타다		
(3) 피아노를 치다		
(4) 매운 것을 먹다		
(5) 잡채를 만들다		
(6) 한국말을 하다		

2. < 보기 > のように対話文を作りなさい。

< 보기 >

가 : 지금 뭐하고 있어요 ?
나 : 공부를 하고 있어요 .

(1)

가 : _____
나 : _____

(2)

가 : _____
나 : _____

(3) 　가 : _____

　　　　　　　　　　나 : _____

(4) 　가 : _____

　　　　　　　　　　나 : _____

(5) 　가 : _____

　　　　　　　　　　나 : _____

(6) 　가 : _____

　　　　　　　　　　나 : _____

応用練習

3. 次の表を見て、「-（으）ㄹ 수 있어요？」の質問を作って答えてみましょう。

	운전을 하다	스키를 타다	피아노를 치다	술을 마시다	매운 것을 먹다	영어를 하다
순미	○	△	○	×	×	×
윤석	△	○	×	△	○	×

○ 잘하다　　△ 잘 못하다　× 못하다

(1) 가 : 순미 씨는 _____ （으）ㄹ 수 있어요？

　　나 : 네 / 아뇨 , _____

(2) 가 : 순미 씨는 _____ （으）ㄹ 수 있어요？

　　나 : 네 / 아뇨 , _____

(3) 가 : 윤석 씨는 _____ （으）ㄹ 수 있어요？

　　나 : 네 / 아뇨 , _____

(4) 가 : 윤석 씨는 _____ （으）ㄹ 수 있어요？

　　나 : 네 / 아뇨 , _____

4. 次の場所についての質問に答えなさい。

스타벅스	수영장	박물관
9:30 ～ 22:20 금연	오전 10:00 ～ 오후 8:00 샴푸 / 비누 사용 금지	사진 금지 음식 금지

(1) 스타벅스에서는 담배를 피울 수 있어요?

(2) 스타벅스에는 몇 시부터 들어갈 수 있어요?

(3) 수영장에서는 몇 시까지 수영할 수 있어요?

(4) 수영장에서는 샴푸를 사용할 수 있어요?

(5) 박물관에서는 사진을 찍을 수 있어요?

(6) _____ 수 있어요?

 聴いてみましょう 🎧90

5. 音声を聴いて内容と一致するものには○を、一致しないものには×をつけなさい。

(1) 인영 씨는 소주를 못 마십니다.　　　（　　　）

(2) 무라마치 씨는 술을 전혀 못 마십니다.　（　　　）

(3) 무라마치 씨는 맥주는 마실 수 있습니다.（　　　）

● Review（第16課〜第20課）

1. 次の日本語の単語を韓国語に、韓国語の単語を日本語に書きなさい。

(1) 笑う ＿＿＿＿＿　　(2) 発音 ＿＿＿＿＿　　(3) 大丈夫です ＿＿＿＿＿

(4) もう一度 ＿＿＿＿＿　(5) 練習 ＿＿＿＿＿　　(6) 요즘 ＿＿＿＿＿

(7) 그럼요 ＿＿＿＿＿　　(8) 이따가 ＿＿＿＿＿　(9) 어릴 때 ＿＿＿＿＿

2. 次の文を指示どおりの文型に直しなさい。

(1) 사진을 찍다 （「〜してもいいですか」表現に→）

　　　　　　　　　　→ ＿＿＿＿＿＿＿＿＿＿＿＿＿＿＿＿＿＿＿＿＿

(2) 10시까지 오다 （「〜すればいいです」表現に→）

　　　　　　　　　　→ ＿＿＿＿＿＿＿＿＿＿＿＿＿＿＿＿＿＿＿＿＿

(3) 식사라도 같이 하다 （「〜ましょうか」表現に→）

　　　　　　　　　　→ ＿＿＿＿＿＿＿＿＿＿＿＿＿＿＿＿＿＿＿＿＿

(4) 이따가 역 앞에서 보다 （「〜ましょう）表現に→）

　　　　　　　　　　→ ＿＿＿＿＿＿＿＿＿＿＿＿＿＿＿＿＿＿＿＿＿

(5) 우산 좀 빌리다 （「〜していただけますか」表現に→）

　　　　　　　　　　→ ＿＿＿＿＿＿＿＿＿＿＿＿＿＿＿＿＿＿＿＿＿

(6) 운전을 할 수 있어요. （不可能表現に→）

　　　　　　　　　　→ ＿＿＿＿＿＿＿＿＿＿＿＿＿＿＿＿＿＿＿＿＿

(7) 늦잠을 자다＋지각을 했어요. （「- 아 / 어서」で一文に→）

　　　　　　　　　　→ ＿＿＿＿＿＿＿＿＿＿＿＿＿＿＿＿＿＿＿＿＿

3. 正しい文は（○）を、間違った文は（×）をつけ正しい文に直しなさい。

(1) 여기에서 담배를 피우도 돼요? （　　）

(2) 자전거는 여기에 세워면 돼요 . （　　）

(3) 핸드폰 좀 빌려 주시겠어요 ?　　（　　）

(4) 집에 놀으러 오세요 .　　（　　）

(5) 값이 싸서 많이 샀어요 .　　（　　）

(6) 창문을 열을 수 없어요 . （　　）

4.　次の文を韓国語で書きなさい。

(1) 昨日は疲れたので家で休みました。
_____

(2) ここで写真を撮ってはいけません。
_____

(3) 今週金曜に一緒に映画でも見ましょうか。
_____

(4) すみませんが、もう一度言っていただけますか。
_____

(5) チャプチェを作ることができますか。
_____

5.　次の文章を読んで質問に答えなさい。

지난주 토요일에는 한국 친구의 결혼식이 있어서 서울에 갔습니다 .
공항에서 서울까지 버스 （　①　） 갔습니다 . 결혼식장에는 사람들이
아주 많았습니다 . 친구는 정말 （ ②예쁘다）. 결혼식이 끝나고 가족 ,
친구들과 사진도 찍었습니다 . 친구의 결혼식을 보고 저도 빨리
결혼을 하고 싶었습니다 .

(1) ①に入る適切な助詞を書きなさい。　（　　　　）

(2)「②예쁘다」を適切な表現にしなさい。　（　　　　　　）

(3) 文章の内容と一致するものには○を、一致しないものには×をつけなさい。

　　a. 결혼식장에는 사람이 적었습니다.　　（　　　）

　　b. 지난주에는 친구의 결혼식이 있었습니다.　（　　　）

　　c. 친구들은 사진을 찍지 않았습니다.　　（　　　）

Part III

まとめましょう

◆◆ 発音の変化 ◆◆

（1）有声音化

> # 音が濁るように聞こえる（？）

①母音の次の「ㄱ，ㄷ，ㅂ，ㅈ」は有声音になります。

    아기（赤ちゃん）　[agi]（○）[aki]（×）
    구두（靴）　[kudu]（○）[kutu]（×）
    부부（夫婦）　[pubu]（○）[pupu]（×）
    여자（女性）　[jɔdʒa]（○）[jɔtʃa]（×）

②パッチム「ㄴ，ㄹ，ㅁ，ㅇ」の次の「ㄱ，ㄷ，ㅂ，ㅈ」は有声音になります。
  ただし、パッチム「ㄹ」の次の「ㄱ，ㄷ，ㅂ，ㅈ」が濃音化される例があります。

    한국（韓国）　[hanguk]（○）[hankuk]（×）
    일본（日本）　[ilbon]（○）[ilpon]（×）
    혼자（一人で）　[hondʒa]（○）[hontʃa]（×）
    활동（活動）→（実際の発音）[활똥]

注）「ㄱ，ㄷ，ㅂ，ㅈ」以外の子音は有声音化にならないので注意しましょう。

（2）連音化

> 서울이→ （実際の発音）[서우리]

①パッチムの次に母音がある（「ㅇ」が続く）場合、パッチムは「ㅇ」に移動して発音されます。

例）일본은 （日本は） →（実際の発音）[일보는]
　　사람이에요（人です）→（実際の発音）[사라미에요]

②パッチムに二つの子音がある（二重パッチム）ときには、後ろの子音が次の文字の「ㅇ」に移動する。

例）넓어요 （広いです）→（実際の発音）[널버요]
　　앉아요 （座ります）→（実際の発音）[안자요]

③ただし、パッチムの「ㅎ」は、発音されません。

例）좋아해요 （好きです）→（実際の発音）[조아해요]
　　넣어요　　（入れます）→（実際の発音）[너어요]
　　많이　　　（たくさん）→（実際の発音）[마니]*

*二重パッチムの場合も適用される

＜練習＞

（1）약이 （薬が）　　　　　　　　→（実際の発音）[　　　　　]
（2）회사원이에요.（会社員です）→（実際の発音）[　　　　　]
（3）읽어요.（読みます）　　　　　→（実際の発音）[　　　　　]
（4）밖에 （外に）　　　　　　　　→（実際の発音）[　　　　　]
（5）역 앞에서 （駅の前で）　　　 →（実際の発音）[　　　　　]
（6）쌓아요（積みます）　　　　　 →（実際の発音）[　　　　　]

（3）鼻音化

$$入니다 → （実際の発音）[임니다]$$

	口音	鼻音	流音
k型	ㄱ，ㅋ，ㄲ	ㅇ	
p型	ㅂ，ㅍ	ㅁ	
t型	ㄷ，ㅅ，ㅆ，ㅈ，ㅊ，ㅎ，ㅌ	ㄴ	ㄹ

口音のパッチムのあと鼻音「ㅁ」「ㄴ」の子音がつづく場合、パッチムは鼻音に変わります。

例）「입니다（です）」の「니」の直前のパッチム「ㅂ」はp型、p型の鼻音は「ㅁ」なので実際の発音は「임니다」に変わります。

例）아닙니다（ではありません）　→（実際の発音）[아님니다]
　　있습니다（あります）　　　→（実際の発音）[읻씀니다]
　　작년（昨年）　　　　　　　→（実際の発音）[장년]
　　받는（もらう＜連体形＞）　→（実際の発音）[반는]
　　옛날（昔）　　　　　　　　→（実際の発音）[옌날]
　　읽는（読む＜連体形＞）　　→（実際の発音）[잉는]

＜練習＞

（1）합니다（します）　　　　　　→（実際の発音）[　　　　　　]
（2）식물（植物）　　　　　　　　→（実際の発音）[　　　　　　]
（3）입문（入門）　　　　　　　　→（実際の発音）[　　　　　　]
（4）좋네요（いいですね）　　　　→（実際の発音）[　　　　　　]
（5）맛있는（おいしい＜連体形＞）→（実際の発音）[　　　　　　]
（6）어렵네요（難しいですね）　　→（実際の発音）[　　　　　　]

（4）「ㅎ」弱音化

> 전화 → （実際の発音）[전화] / [저놔]

　鼻音や「ㄹ」につづく「ㅎ」の音は弱くなったり、鼻音や「ㄹ」パッチムの音が移動して連音化されることがあります。

例） 전혀（まったく）→（実際の発音）[전혀]（ㅎは弱音）又は [저녀]
　　 영화（映画）→（実際の発音）[영화]（ㅎは弱音）又は [영와]
　　 외출하다（外出する）→（実際の発音）[외출하다]（ㅎは弱音）
　　　　　　　　　　　　　　又は [외추라다]

＜練習＞

（1）은행（銀行）　　　→（実際の発音）[은행] / [　　　　　　]
（2）남한（南韓）　　　→（実際の発音）[남한] / [　　　　　　]
（3）전혀（まったく）　→（実際の発音）[전혀] / [　　　　　　]
（4）성함（お名前）　　→（実際の発音）[성함] / [　　　　　　]
（5）번호（番号）　　　→（実際の発音）[번호] / [　　　　　　]
（6）잘하다（上手だ）　→（実際の発音）[잘하다] / [　　　　　　]

（5）激音化

좋다 → （実際の発音）［조타］

①パッチム k 型（ㄱ），t 型（ㄷ），p 型（ㅂ）の口音＋「ㅎ」→［ㅋ，ㅌ，ㅍ］に変わります。

例）백화점：パッチム「ㄱ」＋「ㅎ」

→（実際の発音）［배콰점］

따뜻해요：パッチム「ㅅ」＋「ㅎ」

→（実際の発音）［따뜨태요］

②パッチム「ㅎ」＋「ㄱ，ㄷ，ㅂ，ㅈ」→［ㅋ，ㅌ，ㅍ，ㅊ］に変わります。

例）어떻게：パッチム「ㅎ」＋「ㄱ」

→（実際の発音）［어떠케］

많지 않아요：パッチム「ㅎ」＋「ㅈ」

→（実際の発音）［만치 아나요］

＜練習＞

（1）부탁합니다（お願いします）　→（実際の発音）［　　　　　　　］

（2）축하（祝賀）　　　　　　　　→（実際の発音）［　　　　　　　］

（3）입학（入学）　　　　　　　　→（実際の発音）［　　　　　　　］

（4）못 하다（できない）　　　　　→（実際の発音）［　　　　　　　］

（5）가지 않고（行かないで）　　　→（実際の発音）［　　　　　　　］

（6）많다（多い）　　　　　　　　→（実際の発音）［　　　　　　　］

（6）濃音化

学校→（実際の発音）[学꾜]

　パッチムのk型、p型、t型の口音[ㄱ , ㄷ , ㅂ]に「ㄱ , ㄷ , ㅂ , ㅅ , ㅈ」が続く場合、「ㄲ , ㄸ , ㅃ , ㅆ , ㅉ」の濃音に変わります。

パッチム「ㄱ , ㄷ , ㅂ」+「ㄱ , ㄷ , ㅂ , ㅅ , ㅈ」→[ㄲ , ㄸ , ㅃ , ㅆ , ㅉ]

例）식당（食堂）　　　　　→（実際の発音）[식땅]
　　약사（薬剤師）　　　　→（実際の発音）[약싸]
　　자영업자（自営業者）→（実際の発音）[자영업짜]

＜練習＞

（1）식사（食事）　　　　→（実際の発音）[　　　　　　　]
（2）약국（薬局）　　　　→（実際の発音）[　　　　　　　]
（3）국밥（クッパ）　　　→（実際の発音）[　　　　　　　]
（4）숙제（宿題）　　　　→（実際の発音）[　　　　　　　]
（5）있다（ある / いる）→（実際の発音）[　　　　　　　]
（6）습기（湿気）　　　　→（実際の発音）[　　　　　　　]

（7） 流音化

```
신라 → （実際の発音） [ 실라 ]
```

①パッチムとその後につづく子音が「ㄴ」と「ㄹ」、又は「ㄹ」と「ㄴ」の場合、
どちらの音も「ㄹ」になります。

パッチム「ㄴ」+「ㄹ」→「ㄹ」+「ㄹ」
パッチム「ㄹ」+「ㄴ」→「ㄹ」+「ㄹ」

例） 편리　（便利）　→（実際の発音）[펄리]
　　　논리　（論理）　→（実際の発音）[놀리]
　　　설날　（元旦）　→（実際の発音）[설랄]

②ただし、漢字語が合成された単語の場合には「ㄴ＋ㄴ」になります。

例） 생산량（生産＋量）→（実際の発音）[생산냥]

＜練習＞

（1） 연락（連絡）　　　　→（実際の発音）[　　　　　　　]
（2） 실내（室内）　　　　→（実際の発音）[　　　　　　　]
（3） 일년（一年）　　　　→（実際の発音）[　　　　　　　]
（4） 관람（観覧）　　　　→（実際の発音）[　　　　　　　]
（5） 의견란（意見欄）　　→（実際の発音）[　　　　　　　]

（8）母音「ㅢ」の発音

$$\boxed{\text{회의 → （実際の発音）[회이]}}$$

①「의사」のように「의」が単語の語頭に来るときは、口を横に広げて「의」を発音します。

例）의자（椅子）→（実際の発音）[의자]

②「회의」や「편의」のように語頭ではないときには [이] の音になります。また、「희다」のように他の子音がつく場合にも [히] のように母音「ㅣ」の発音だけになります。

例）회의（会議）　→（実際の発音）[회이]
　　무늬（模様）　→（実際の発音）[무니]

③助詞「の」の意味で使われるときには「에」と発音します。

例）나의 책（私の本）　　→（実際の発音）[나에 책]
　　친구의 집（友達の家）→（実際の発音）[친구에 집]

＜練習＞

（１）의리（義理）　　　　　　　→（実際の発音）[　　　　　　　　]
（２）호의（好意）　　　　　　　→（実際の発音）[　　　　　　　　]
（３）편의점（コンビニ）　　　　→（実際の発音）[　　　　　　　　]
（４）의미（意味）　　　　　　　→（実際の発音）[　　　　　　　　]
（５）희망（希望）　　　　　　　→（実際の発音）[　　　　　　　　]
（６）한국의 수도（韓国の首都）→（実際の発音）[　　　　　　　　]

（9）口蓋音化

```
┌────────────────────────────────────┐
│   같이 → （実際の発音）[ 가치 ]     │
└────────────────────────────────────┘
```

　パッチムの「ㄷ」又は「ㅌ」の次に「이」が来ると、それぞれ「ㅈ」「ㅊ」の音に変わります。

パッチム「ㄷ」+「이」→ [지]

パッチム「ㅌ」+「이」→ [치]

例）굳이（あえて）　　→（実際の発音）[구지]

　　같이（いっしょに）→（実際の発音）[가치]

＜練習＞

（1）맏이（上の子）　　→（実際の発音）[　　　　　　　]

（2）붙이다（つける）　→（実際の発音）[　　　　　　　]

（3）밭이（畑が）　　　→（実際の発音）[　　　　　　　]

（10）二重パッチム（パッチムに子音が二つあるとき）

　パッチムに子音が二つあるときには、どちらか一方を選んで発音します。選ぶ基準は次の通りです。

①パッチムに子音が二つあるときには、ほぼ「ㄱ，ㄴ，ㄷ…」の早い順を優先して読みます。ただし、「밟다（踏む）」は ［밥따］ になります。

例）닭（鶏）→（実際の発音）［ 닥 ］

＜練習＞

（1）값（値段）　→（実際の発音）[　　　　　　　　　]
（2）앉다（座る）→（実際の発音）[　　　　　　　　]
（3）짧다（短い）→（実際の発音）[　　　　　　　　]

②パッチムに子音が二つあって、次に「ㅇ」から始まる文字がつづく場合、二重パッチムの前を読み、後ろの部分は連音化されます。

例）앉으세요（おかけください）→（実際の発音）［ 안즈세요 ］

＜練習＞

（1）값이（値段が）　　→（実際の発音）[　　　　　　　　]
（2）젊어요（若いです）→（実際の発音）[　　　　　　　]
（3）읽었어요（読みました）→（実際の発音）[　　　　　　]

③その他：ㄹㅁ →［ ㅁ ］、ㄹㅍ →［ ㅂ ］が発音されます。

例）삶（生、生きること）→（実際の発音）［ 삼 ］
　　읊다（詠む、吟ずる）→（実際の発音）［ 읍따 ］

◆◆ 文法のまとめ（1）　助詞 ◆◆

1	は	은 / 는 께서는	한국은　韓国は 친구는　友達は 선생님께서는　先生は
2	が	이 / 가 께서	한국이　韓国が 친구가　友達が 선생님께서　先生が
3	を	을 / 를	한국을　韓国を 친구를　友達を
4	と	①하고 ②과 / 와	어머니하고 식사합니다 . 　　　母と食事します。 동생과　妹（弟）と 친구와　友達と
5	も	도	내일도 바쁩니다 . 　　　明日も忙しいです。
6	に	①（位置）에 ②（時間）에 ③（方向）에 ④（人）에게（한테） 　（目上の人）께	역 앞에 있습니다 . 　　　駅の前にいます。 이번 주에 만납니다 . 　　　今週会います。 서울에 갑니다 . 　　　ソウルに行きます。 친구에게（한테）줍니다 . 　　　友達にあげます。 선생님께 드립니다 . 　　　先生に差し上げます。
7	で	①（場所）에서 ②（手段）（으）로	역 앞에서 만납니다 . 　　　駅の前で会います。 한국어로 말합니다 . 　　　韓国語で話します。
8	へ	①（方向）에 ②（方向）（으）로	학교에 갑니다 . 　　　学校へ行きます。 미국으로 갑니다 . 　　　アメリカへ行きます。

9	から	① （時間）부터 ② （出発の場所）에서 ③ （人）에게（서） 　　／한테（서）	오늘**부터** 일합니다. 　　今日から働きます。 집**에서** 멉니까? 　　家から遠いですか。 친구**에게서**（한테서）받았어요. 　　友達からもらいました。
10	まで	까지	여기**까지** 멀지 않습니다. 　　ここまで遠くありません。
11	の	의	일본**의** 집　日本の家
12	より	보다	도쿄가 서울**보다** 따뜻해요. 　　東京がソウルより暖かいです。
13	だけ	만	고기**만** 먹어요. 　　お肉だけ食べます。
14	でも	（이）라도	식사**라도** 할까요? 　　食事でもしましょうか。

◆◆ 文法のまとめ（2）　用言の活用 ◆◆

　用言の活用には、大きく３つのパターンがあると考えるとわかりやすいでしょう。ここではそれぞれに＜１グループ＞＜２グループ＞＜３グループ＞という名前をつけて分類してみました。まず、＜１グループ＞は用言の語尾の「다」をとってつけるもの、＜２グループ＞は用言の語幹にパッチムがあるかどうかによって「으」をつけるもの、＜３グループ＞は用言の語幹の母音が陽母音か陰母音かによって「아」又は「어」をつけるものに分類できます。＊語基説による分類になります。

> ＜１グループ＞
> 用言の語幹につけるもの、つまり、語尾「다」をとってつけます。

（1）　**― 고**（列挙：〜て）　　　　　　　　　　　第６課

　　　가다 → 가고　　行って
　　　먹다 → 먹고　　食べて
　　　살다 → 살고　　住んで
例）친구와 영화관에 가고 한국 식당에도 갑니다.

（2）　**― 지 않다**（否定）　　　　　　　　　　　第７課

　　　비싸다 → 비싸지 않다　（値段）高くない
　　　맵다 → 맵지 않다　辛くない
例）이것은 그렇게 맵지 않습니다.

（3）　**― 네요**（同感：〜ですね／ますね）　　　第８課

　　　비가 오다 → 비가 오네요　　雨が降っていますね
　　　맵다 → 맵네요　辛いですね
　　　멀다 → 머네요　遠いですね（「ㄹ」パッチムは脱落）
例）한국어 정말 잘하네요.

（4）　**－지요？**（確認：〜でしょう？／〜ですよね？）　第 14 課

　　바쁘다 → 바쁘지요？　忙しいでしょう？

　　어렵다 → 어렵지요？　難しいですよね？

例）요즘 회사 일이 바쁘<u>지요</u>？

（5）　**－지만**（逆接：けれども）　第 14 課

　　가다 → 가지만　行くけれども

　　맛있다 → 맛있지만　おいしいが

例）맛있<u>지만</u> 비싸요.

（6）　**－고 싶어요**（希望：〜したい）　第 15 課

　　가다 →가고 싶다 行きたい

　　알다 →알고 싶다 知りたい

例）휴가 때 어디에 가고 <u>싶어요</u>？

（7）　**－고 있어요**（現在進行：〜ている）　第 20 課

　　하다 → 하고 있다　している

　　먹다 → 먹고 있다　食べている

例）지금 전화<u>하고 있어요</u>.

<2グループ>
用言の語幹のパッチムの有無によって使いわけるもので、パッチムがある
ときは「으」を入れ、パッチムがないときは入れません。

（1） **- [으] 시다** （敬語表現：〜される）　　第12課

　　가다 → 가시다　行かれる

　　읽다 → 읽으시다　読まれる

　　알다 → 아시다　ご存知だ（「ㄹ」パッチムは脱落）

例）주말에 어디 가세요 ? / 가십니까 ?

（2） **-[으] 셨다** （敬語の過去形：〜された）　　第13課

　　가다 → 가셨다　行かれた

　　읽다 → 읽으셨다　読まれた

　　알다 → 아셨다　ご存知だった（「ㄹ」パッチムは脱落）

例）휴가 때는 어디에 가셨어요 ?

（3） **-[으] 면 돼요?** （条件・仮定：〜すればいいですか）　第17課

　　가다 → 가면 돼요 ?　行けばいいですか

　　읽다 → 읽으면 돼요 ?　読めばいいですか

　　걸다 → 걸면 돼요 ?　かければいいですか（「ㄹ」パッチム注意）

例）국제전화는 어떻게 걸면 돼요 ?

（4） **- [으] ㄹ까요?** （勧誘：〜ましょうか）　　第18課

　　가다 → 갈까요 ?　行きましょうか

　　먹다 → 먹을까요 ?　食べましょうか

　　만들다 → 만들까요 ?　作りましょうか（「ㄹ」パッチムは脱落）

例）같이 저녁이라도 먹을까요 ?

(5) **– [으] ㅂ시다** （勧誘：〜ましょう） 第18課

만나다 → 만납시다　会いましょう

먹다 → 먹읍시다　食べましょう

만들다 → 만듭시다　作りましょう（「ㄹ」パッチムは脱落）

例）내일 역 앞에서 만납시다.

(6) **– [으] 러** （目的：〜しに） 第18課

하다 → 하러　しに

받다 → 받으러　もらいに

놀다 → 놀러　遊びに（「ㄹ」パッチムは母音の語幹として扱う）

例）다음에 놀러 오세요.

(7) **– [으] ㄹ 수 있다** （〜できる） 第20課

쓰다 → 쓸 수 있다　書ける

먹다 → 먹을 수 있다　食べられる

만들다 → 만들 수 있다　作れる（「ㄹ」パッチムは脱落）

例）김치를 먹을 수 있어요?

> ＜3グループ＞
> 用言の母音が陽母音か陰母音かによって使い分けます。語幹の母音が「ㅏ, ㅗ」の場合には「아」をつけ、語幹の母音が「ㅏ, ㅗ以外」の場合には「어」をつけます。

(1) **– 아 / 어요** （です / ます） 第9課

좋다 → 좋아요　いいです

먹다 → 먹어요　食べます

例）영화관에 친구하고 같이 가요.

（2）　**－았 / 었다** （過去）　　　　　　　　　　　第 11 課

좋다 → 좋았다　よかった

먹다 → 먹었다　食べた

가다 → 갔다　行った

例）서울에는 작년에 <u>갔</u>습니다 . / <u>갔</u>어요 .

（3）　**－아 / 어서** （理由・原因：〜ので）　　　第 16 課

좋다 → 좋아서　よいので

맛있다 → 맛있어서　おいしいので

가다 → 가서　行くので

例）날씨가 좋<u>아서</u> 공원에 갔어요 .

（4）　**－아 / 어도 돼요 ?** （許可を求める：〜してもいいですか）　第 17 課

가다 → 가도 돼요 ?　行ってもいいですか

찍다 → 찍어도 돼요 ?　撮ってもいいですか

例）여기서 사진을 찍<u>어도 돼요 ?</u>

（5）　**－아 / 어 주시겠어요 ? / 주세요**　　　第 19 課

　　（依頼：〜ていただけますか / 〜てください）

빌리다 → 빌려 주시겠어요 ? / 빌려 주세요 .

　　貸していただけますか / 貸してください

안내하다 → 안내해 주시겠어요 ? / 안내해 주세요 .

　　案内していただけますか / 案内してください

例）펜 좀 빌려 주시겠어요 ? / 빌려 주세요 .

◇ 単・語・集 ◇

※こちらの単語集は初級レベルに役立つものをグループ別にして収集したものです。

▶ 人間関係 ◀

저	わたくし
제	わたくしの
나	わたし／僕
내	わたしの／僕の
우리	私たち
아버지	お父さん
어머니	お母さん
부모님	両親
할아버지	お祖父さん
할머니	お祖母さん
형	（男性からの）お兄さん
오빠	（女性からの）お兄さん
누나	（男性からの）お姉さん
언니	（女性からの）お姉さん
여동생	妹
남동생	弟
남편	夫
아내	妻
아들	息子
딸	娘
아저씨	おじさん
아주머니（아줌마）	おばさん
아이／어린이	子供
어른	おとな
남자	男
여자	女
친구	友達
남자 친구	ボーイフレンド、彼氏
여자 친구	ガールフレンド、彼女
선생님	先生(様)
선배	先輩
후배	後輩
손님	お客様
가족	家族
형제	兄弟
동료	同僚

상사	上司
사장님	社長（様）

▶ 職業 ◀

회사원	会社員
은행원	銀行員
공무원	公務員
교사	教師
의사	医者
간호사	看護士
약사	薬剤師
자영업자	自営業者
비서	秘書
주부	主婦
초등학생	小学生
중학생	中学生
고등학생	高校生
대학생	大学生
대학원생	大学院生
유학생	留学生

▶国・地名 ◀

일본	日本
일본 사람	日本人
일본말／일본어	日本語
한국	韓国
한국분	韓国の方
중국	中国
재일 교포	在日コリアン
미국	米国
캐나다	カナダ
영국	英国
호주	豪州
대만	台湾
프랑스	フランス
브라질	ブラジル
독일	ドイツ

네덜란드	オランダ
이탈리아	イタリア
태국	タイ
인도	インド
러시아	ロシア
서울	ソウル
부산	釜山
도쿄 / 동경	東京
신주쿠	新宿

▶ 芸能人・スポーツ ◀

영화배우	映画俳優・女優
가수	歌手
개그맨	お笑いタレント
아나운서	アナウンサー
스포츠 선수	スポーツ選手
야구	野球
프로야구	プロ野球
농구	バスケットボール
축구	サッカー
배구	バレーボール
수영	水泳
스키	スキー
발레	バレエ
에어로빅	エアロビクス
등산	登山
테니스	テニス
씨름	韓国の相撲
운동	運動

▶ 建物・場所 ◀

건물	建物
장소	場所
학교	学校
초등학교	小学校
중학교	中学校
고등학교	高校

대학교	大学
도서관	図書館
학원	塾、語学学校
병원	病院
우체국	郵便局
은행	銀行
호텔	ホテル
회사	会社
가게	店
편의점	コンビニ
마트 / 슈퍼	（大型）スーパー
시장	市場
백화점	デパート
박물관	博物館
미술관	美術館
카페	カフェ、喫茶店
식당	食堂
화장실	トイレ
미용실	美容室
공원	公園
노래방	カラオケボックス
PC 방	ネットカフェ
영화관	映画館
극장	劇場
역	駅
길	道
집	家
아파트	アパート、マンション
방	部屋
버스 정류장	バス停
공항	空港

▶ 指示・位置 ◀

이	この
그	その
저	あの
이것	これ

그것	それ	술	お酒
저것	あれ	맥주	ビール
여기	ここ	생맥주	生ビール
거기	そこ	소주	焼酎
저기	あそこ	우유	牛乳
여기저기	あちこち	차	お茶
이 때	このとき	커피	コーヒー
저 사람	あの人	야채	野菜
앞	（位置）前	고기	お肉
뒤	後ろ	과일	果物
옆	横、となり	과자	お菓子
오른쪽	右側	라면	ラーメン
왼쪽	左側	식사	食事
위	上	디너	ディナー
밑 / 아래	下	뷔페	バイキング
안	中	숟가락	スプーン
밖	外	젓가락	お箸
근처	近く	밥그릇	茶碗
건너편	向かい側（道を渡ったところ）	한 손으로	片手で
맞은편	向かい側	한 잔	一杯
사이	間		
동쪽	東側	**▶ 交通 ◀**	
서쪽	西側	교통	交通
남쪽	南側	차	車
북쪽	北側	자동차	自動車
		버스	バス
▶ 飲食 ◀		택시	タクシー
음식	飲食、食べ物	모범택시	模範タクシー
밥	ご飯	전철	電車
빵	パン	지하철	地下鉄
국수	そば	자전거	自転車
비빔밥	ビビンバ	기차	汽車
불고기	焼肉	비행기	飛行機
잡채	チャプチェ	배	船
김치	キムチ	유람선	遊覧船
회	刺身	왕복	往復
물	お水	편도	片道

출발	出発
도착	到着
운전	運転
운전석	運転席
교통비	交通費
기본요금	初乗り料金
주차	駐車

▶ 日常生活①－用品 ◀

책	本
책상	机
의자	椅子
컵	コップ
액자	額縁
사전	辞書
잡지	雑誌
노트	ノート
교과서	教科書
연필	鉛筆
볼펜	ボールペン
시계	時計
모자	帽子
안경	めがね
시디	CD
신문	新聞
텔레비전	テレビ
비디오	ビデオ
라디오	ラジオ
우산	傘
우표	切手
전화	電話
지도	地図
편지	手紙
소포	小包
지갑	財布
돈	お金
컴퓨터	コンピューター

핸드폰 / 휴대폰	携帯電話
샴푸	シャンプー
비누	石鹸
사진	写真
담배	たばこ

▶ 日常生活②－生活 ◀

생활	生活
이름	名前
성함	お名前
나이	年齢
주소	住所
메일	メール
인터넷	インターネット
전화번호	電話番号
청소	掃除
빨래	洗濯
요리	料理
쇼핑	ショッピング
외식	外食
늦잠	朝寝坊
온돌	オンドル
결혼식	結婚式
결혼기념일	結婚記念日
신혼여행	新婚旅行
생일	誕生日
선물	プレゼント
어린이날	子供の日
어버이날	父と母の日
스승의날	先生の日

▶ 日常生活③－その他 ◀

처음	はじめて
실례	失礼
약속	約束
값	値段
가격	価格

금연	禁煙
사용	使用
금지	禁止
혼자	一人で
다른	他の
흰색	白い色
입장	立場
가능	可能
작품	作品

▶ 趣味 ◀

음악	音楽
등산	登山
골프	ゴルフ
영화 감상	映画鑑賞
여행	旅行
해외여행	海外旅行
꽃구경	花見
온천	温泉
독서	読書
피아노 (를 치다)	ピアノ（を弾く）
관광지	観光地
소설	小説

▶ 仕事・勉強 ◀

일	仕事
회의	会議
출장	出張
사업	事業
거래처	取引先
영업	営業
외출	外出
휴가	休暇
취직	就職
쉬는 날	休みの日
출퇴근	出退勤
창립기념일	創立記念日

아르바이트	アルバイト
어학연수	語学研修
유학	留学
수업	授業
수업 시간	授業時間
숙제	宿題
연습	練習
공부	勉強
시험	試験
발음	発音
문법	文法
예습	予習
복습	復習
통역	通訳
번역	翻訳
입학	入学
입사	入社
졸업	卒業

▶ 衣類 ◀

옷	服
바지	ズボン
치마	スカート
양말	靴下
모자	帽子
가방	カバン
신발	靴
손수건	ハンカチ
구두	（皮の）靴
목걸이	ネックレス
귀걸이	イヤリング
반지	指輪
한복	韓服、韓国の民族衣装

▶ 身体名称 ◀

몸	体
머리	頭

얼굴	顔		돼지	豚
이마	額		소	牛
눈	目		닭	鶏
코	鼻			
입	口			

▶ **漢字語数詞** ◀

이	歯		일	1
귀	耳		이	2
목	首、喉		삼	3
가슴	胸		사	4
어깨	肩		오	5
배	腹		육	6
등	背中		칠	7
허리	腰		팔	8
팔	腕		구	9
다리	脚		십	10
무릎	ひざ		백	100
손	手		천	1000
발	足		만	一万
			십만	十万
			백만	百万

▶ **自然・動物** ◀

산	山	

▶ **固有語数詞** ◀

바다	海		하나	一つ
강	川		둘	二つ
해	太陽		셋	三つ
달	月		넷	四つ
별	星		다섯	五つ
구름	雲		여섯	六つ
바람	風		일곱	七つ
눈	雪		여덟	八つ
비	雨		아홉	九つ
날씨	天気		열	十
습기	湿気		스물	二十
나무	木		서른	三十
개	犬		마흔	四十
강아지	子犬		쉰	五十
고양이	猫		예순	六十
새	鳥			

일흔	七十
여든	八十
아흔	九十
한 시	1時
세 번	3回

▶ 季節・年・月 ◀

봄	春
여름	夏
가을	秋
겨울	冬
재작년	おととし
작년	昨年
올해 / 금년	今年
내년	来年
내후년	再来年
매년	毎年
일월	1月
이월	2月
삼월	3月
사월	4月
오월	5月
유월	6月
칠월	7月
팔월	8月
구월	9月
시월	10月
십일월	11月
십이월	12月
지지난달	先々月
지난달	先月
이번 달	今月
다음 달	来月
다다음 달	再来月
매월	毎月
～초	～初
중순	中旬

～말	～末

▶ 曜日・時 ◀

월요일	月曜日
화요일	火曜日
수요일	水曜日
목요일	木曜日
금요일	金曜日
토요일	土曜日
일요일	日曜日
일주일	1週間
지지난주	先々週
지난주	先週
이번 주	今週
다음 주	来週
다다음 주	再来週
매주	毎週
그제	おととい
어제	昨日
오늘	きょう
내일	明日
모레	あさって
매일	毎日
지금	今
요즘	この頃
아침	朝
점심	昼
저녁	夕方、夜
밤	晩
새벽	深夜、明け方
오전	午前
오후	午後
시간	時間

▶ 疑問詞 ◀

무엇 / 뭐	何
몇	何～、いくつ～

무슨	何の	드리다	差し上げる
어디	どこ	듣다	聞く
누구	だれ	들어가다	入る
언제	いつ	들리다	聞こえる
얼마	いくら	마시다	飲む
얼마나	どのくらい	만나다	会う
왜	なぜ	만들다	作る
어떻게	どうやって	먹다	食べる
어느	どの	들고 먹다	手に持って食べる
어느 것	どれ	소리 내서 먹다	すする
어때요？	どうですか	모르다	知らない
아무것도	何も（否定文で使う）	묻다	尋ねる、問う
아무도	だれも（否定文で使う）	바꾸다	変える、替える
아무 데도	どこも（否定文で使う）	받다	もらう
		보내다	送る、（時間）過ごす
▶ 動詞 ◀		보다	見る
가다	行く	보이다	見える、見せる
갔다 오다	行ってくる	부탁하다	願う
가르치다	教える	배우다	学ぶ
가지다	持つ	빌리다	借りる
건너다	渡る	사귀다	付き合う
계시다	いらっしゃる（「いる」の敬語）	불다	吹く
그만두다	辞める	사다	買う
끄다	消す	사랑하다	愛する
끝나다	終わる	살다	住む
기다리다	待つ	서다	立つ
내다	出す	세우다	立てる、止める
내리다	降る	쉬다	休む
놀다	遊ぶ	쓰다	書く、使う
놀라다	驚く	시작하다	始める
다니다	通う	앉다	座る
닫다	閉める	알다	知る、わかる
떠나다	去る	열다	開ける
돌아가다 / 돌아오다	帰る	오다	来る
		울다	泣く
되다	なる	웃다	笑う
뛰다	走る	일어나다	起きる

읽다	読む	가볍다	軽い
입다	着る	간단하다	簡単だ
입고 가다	着ていく	같다	同じだ
있다	ある、いる	괜찮다	大丈夫だ
자다	寝る	기쁘다	うれしい
잘하다	上手だ	나쁘다	悪い
좋아하다	好きだ	낮다	低い
주다	あげる、くれる	높다	高い
주시다	くださる	늦다	遅い
갖다 주다	持ってきてくれる	다르다	異なる
찾다	探す	따뜻하다	暖かい
치우다	片付ける	대단하다	すごい
켜다	つける	덥다	暑い
찍다	撮る	많다	多い
타다	乗る	맛있다	おいしい
팔다	売る	맛없다	まずい
피우다	（たばこを）吸う	멋있다	かっこいい
하다	する	맵다	辛い
말하다	言う	멀다	遠い
결혼하다	結婚する	무겁다	重い
안내하다	案内する	미안하다	すまない
공부하다	勉強する	바쁘다	忙しい
구경하다	見物する、観光する	비싸다	（値段）高い
설명하다	説明する	싸다	（値段）安い
운동하다	運動する	비슷하다	似ている
연락하다	連絡する	쉽다	易しい
일하다	働く	시원하다	すずしい
주문하다	注文する	싫다	いやだ
주차하다	駐車する	슬프다	悲しい
전화하다	電話する	아프다	痛い
지각하다	遅刻する	어렵다	難しい
퇴근하다	退社する	예쁘다	きれいだ、かわいい
출근하다	出勤する	유명하다	有名だ
포장하다	包む	작다	小さい
		재미있다	おもしろい
		재미없다	つまらない

▶ 形容詞 ◀

가깝다	近い	

조용하다	静かだ

짧다	短い	자주	しょっちゅう
적다	少ない	전혀	まったく
좋다	良い	정말	本当に
차다	冷たい	제일 / 가장	最も、第一に
춥다	寒い	조금	すこし
크다	大きい	주로	主に
친절하다	親切だ	천천히	ゆっくり
편리하다	便利だ	한〜 / 약〜	約〜
피곤하다	疲れる、くたくたになる	계속	継続
한가하다	暇だ	다시 한 번	もう一度
		그 중에서	その中で

▶ 副詞・接続詞 ◀

같이	いっしょに	깜짝	びっくりする様子
가끔	時々、たまに	〜에 대하여	〜について
거의	ほとんど	그래요	そうです
그다지	あまり	안 그래요	そうじゃありません
그저 그렇다	まあまあだ	맞아요	その通りです
나중에 / 이따가	あとで	그럼요	もちろんです
너무	あまりにも	있잖아요	（前置き）えーと
다 / 전부	全部	그리고	そして
더	もっと	그래서	それで
대개	たいてい	그러니까	だから
대단히	たいへん	하지만	でも
많이	たくさん	그런데	ところで
모두	みんな	그럼	では
빨리	はやく	그렇게	そんなに
벌써	もう、すでに	또	また
별로	あまり		
보통	普通		
아까	先ほど		
아마	多分		
아주	とても		
아직	まだ		
앞으로	これから		
우선	まず		
잘	よく		

●著者紹介

新大久保語学院（しんおおくぼごがくいん）

2002 年 6 月設立の韓国語専門の学校。2024 年 8 月現在、新大久保校、新橋校、渋谷校、池袋校、横浜校で約 1,300 余名の生徒が韓国語を学んでいる。韓国語教材の執筆や韓国語動画通信講座などに積極的に取り組んでいる。

李志暎（イ・ジヨン）

韓国・ソウル生まれ。韓国慶熙大学校日語日文学科卒業。韓国外国語大学校教育大学院・東京学芸大学大学院で日本語教育の修士課程を卒業。お茶の水女子大学大学院博士後期課程単位取得。明治学院大学非常勤講師、新大久保語学院講師。

著書：『新装版 できる韓国語 初級Ⅱ』（共著）、『改訂版 できる韓国語 中級Ⅰ』（共著）、『改訂版 できる韓国語 中級Ⅱ』（共著）、『短いフレーズでかんたんマスター韓国語』、『ハングル能力検定試験 3 級・4 級・5 級合格問題集』（共著）、『新・合格できる韓国語能力試験 TOPIK Ⅱ』（監修）など

●本文イラスト：和田真理子　　　　　●新装版編集協力者：李美榮、金鎮姫
●ナレーター：李志暎・鄭鏞秀・松本美貴　●DTP：赤池美穂

［音声配信］できる韓国語　初級Ⅰ＜新装版＞
（本書は同名書籍の CD 音声を Web 配信にしたものです）

2005 年 4 月 4 日　初版第 1 刷発行
2009 年 5 月 30 日　初版第 6 刷発行
2010 年 1 月 1 日　新装版第 1 刷発行
2023 年 3 月 20 日　新装版第 28 刷発行
2023 年 9 月 25 日　［音声配信］新装版第 1 刷発行
2024 年 9 月 10 日　［音声配信］新装版第 3 刷発行

著　者　李志暎
発行者　李承珉
発行所　DEKIRU 出版
　　　　〒169-0073　東京都新宿区百人町 2-4-6 メイト新宿ビル 3 F
　　　　電話　03-5937-0909
　　　　URL https://www.shin-gogaku.com
発　売　株式会社アスク
　　　　〒162-8558　東京都新宿区下宮比町 2-6
　　　　電話　03-3267-6864
印　刷　株式会社 広済堂ネクスト

ISBN 978-4-86639-679-8

●**文字の復習**（p29）
4. ①a ②b ③a ④a ⑤b ⑥a
5. ①e. 여름 ②b. 여자 ③d. 치마 ④f. 피자 ⑤c. 인사 ⑥a. 이름
6. ①야구 ②바다 ③커피 ④일본 ⑤회사

●**日本語のハングル表記**（p32）
(1) 교토 (2) 오키나와 (3) 홋카이도 (4) 규슈 (5) 니가타 (6) 가마쿠라 (7) 신주쿠
(8) 롯폰기 (9) 에비스 (10) 미쓰비시 (11) 사토 아스카 (12) 하야시 요코

●**第１課**（p42）
1. (1) 저 (는) (2) 일본 (은) (3) 주부 (는) (4) 교사 (는)
   (5) 서울 (은) (6) 도쿄 (는)
2. (1) 저는 회사원입니다 . (2) 한국 사람입니까 ? (3) 학생입니까 ?
   (4) 도쿄는 처음입니까 ? (5) 잘 부탁합니다 .

●**第２課**（p46）
1. (1) 저는 한국 사람이 아닙니다 . (2) 대학생이 아닙니다 .
   (3) 재일 교포가 아닙니다 . (4) 서울은 처음이 아닙니다 .
   (5) 중국 사람이 아닙니까 ? (6) 영화 배우가 아닙니까 ?
2. (1) 저 사람 (이) (2) 한국 (이) (3) 주부 (가) (4) 가수 (가)
   (5) 공무원 (이) (6) 서울 (이)
3. (1) 영국 사람이 아닙니다 . / 네 , 학생입니다 .
   (2) 주부가 아닙니다 . / 영국 사람입니다 .
6. ＜聴いてみましょう＞

> （スクリプト）저는 김민수라고 합니다 . 저는 한국 사람입니다 .
> 　　　　　　저는 학생이 아닙니다 . 회사원입니다 . 일본은 처음입니다 .

   (1) 김민수입니다 . (2) 한국 사람입니다 .
   (3) 아뇨 , 학생이 아닙니다 . 회사원입니다 . (4) 네 , 처음입니다 .

●**第３課**（p53）
1. (1) 일본 사람이에요 . (2) 처음이에요 ? (3) 가수예요 . (4) 서울이에요 ?
   (5) 회사원이에요 . (6) 주부예요 ?
2. (1) 이건 지도가 아니에요 . (2) 그건 술이 아니에요 .
   (3) 저건 사진이 아니에요 . (4) 이게 컴퓨터가 아니에요 .
   (5) 저는 한국 사람이 아니에요 . (6) 저는 교사가 아니에요 .
3. (1) 나 : 그건 컴퓨터예요 . (2) 가 : 그건 뭐예요 ? 나 : 이건 (한국) 지도예요 .
   (3) 가 : 저건 뭐예요 ? 나 : 저건 시계예요 .

4. 이건 김치예요 . 그럼 , 저것도 김치예요 ? 저건 김치가 아니에요 . 나물이에요 .

●第 4 課 (p59)
1. (1) 있습니까 ?(又は있어요 ?)　(2) 있습니까 ?　(3) 없습니까 ?
　 (4) 있습니까 ?　(5) 있습니다 .　(6) 없습니다 . (7) 시간이 있습니까 ?
　 (8) 회의는 없습니까 ?　(9) 아르바이트가 있습니다 .
2. (1) (백화점) 에서 (어머니) 하고 약속이 있습니다 .
　 (2) (신주쿠) 에서 (오빠 / 형) 하고 약속이 있습니다 .
　 (3) (커피숍) 에서 (친구) 하고 약속이 있습니다 .
　 (4) (한국 식당) 에서 (동생) 하고 약속이 있습니다 .

●第 5 課 (p65)
1. (1) 사진은 (책상 위에) 있어요 .　(2) 모자는 (의자 밑에 / 아래에) 있어요 .
　 (3) 핸드폰은 (가방 안에) 있어요 .　(4) 지갑은 (의자 위에) 있어요 .
　 (5) 책상 옆에 (우산이) 있어요 .　(6) 의자 밑에 (모자가) 있어요 .
　 (7) 가방 안에 (핸드폰이) 있어요 .　(8) 집 밖에 (미경 씨가) 있어요 .
2. (1) 가 : 은행은 어디에 있어요 ?/ 나 : 은행은 우체국 앞에 있어요 .
　 (2) 가 : 버스 정류장은 어디에 있어요 ?
　　　 나 : 버스 정류장은 편의점 맞은편에 있어요 .
　 (3) 가 : 화장실은 어디에 있어요 ?/ 나 : 화장실은 식당 밖에 있어요 .
　 (4) 가 : 지하철역은 어디에 있어요 ? / 나 : 지하철역은 공원 안에 있어요 .
5. <聴いてみましょう>

> (スクリプト) 男性 : 내일 약속이 있습니까 ?
> 　　　　　 女性 : 네 , 친구하고 약속이 있어요 .
> 　　　　　 男性 : 어디에서 약속이 있습니까 ?
> 　　　　　 女性 : 한국 식당에서 있어요 .
> 　　　　　 男性 : 그 식당은 어디에 있습니까 ?
> 　　　　　 女性 : 역 근처에 있어요 .

　 (1) 친구하고 약속이 있어요 .　(2) 아뇨 , 한국 식당에서 약속이 있어요 .
　 (3) 아뇨 , 역 근처에 있어요 .

● Review（1 課～ 5 課）(p67)
1. (1) 처음　(2) 백화점　(3) 하지만　(4) 어느 나라
　 (5) 学生　(6) 授業　(7) 近所　(8) トイレ
2. (1) 어디 (에)　(2) 친구 (하고)　(3) 어디 (에서)　(4) 다나카 (라고)
　 (5) 한국 사람 (이)　(6) 역 앞 (에)
3. (1) 사이토 아키라예요 . (2) 일본 사람이에요 .
　 (3) 아뇨 , (학생이 아니에요 .) 회사원이에요 . (4) 요코하마에 있어요 .
　 (5) 아뇨 , 한국 식당하고 편의점이 있어요 . (又는、아뇨 , 회사 뒤에 우체국이 있어요 .)

●第6課（p71）

1.

	ㅂ/습니다	ㅂ/습니까?		ㅂ/습니다	ㅂ/습니까?
가다（行く）	갑니다.	갑니까?	먹다（食べる）	먹습니다.	먹습니까?
오다（来る）	옵니다.	옵니까?	듣다（聞く）	듣습니다.	듣습니까?
타다（乗る）	탑니다.	탑니까?	읽다（読む）	읽습니다.	읽습니까?
마시다（飲む）	마십니다.	마십니까?	묻다（尋ねる）	묻습니다.	묻습니까?
보다（見る）	봅니다.	봅니까?	있다（ある）	있습니다.	있습니까?
만나다（会う）	만납니다.	만납니까?	살다（住む）	삽니다.	삽니까?
사다（買う）	삽니다.	삽니까?	만들다（作る）	만듭니다.	만듭니까?
말하다（言う）	말합니다.	말합니까?	알다（知る）	압니다.	압니까?

2. (1) 영화를 보고 식사합니다.　(2) 요리하고 청소합니다.
　　(3) 운동하고 쉽니다.　(4) 술을 마시고 밥을 먹습니다.
　　(5) 일하고 운동하고 잡니다.　(6) 음악을 듣고 책을 읽고 인터넷을 합니다.

3. (1) 아뇨, 회사원이에요.
　　(2) 주말에 보통 집에서 청소하고 빨래합니다. 그리고 스포츠센터에 갑니다.
　　(3) 에어로빅을 합니다. (4) 네, 주로 혼자 갑니다.

●第7課（p77）

1.

	안 -	- 지 않습니다
가다（行く）	안 갑니다	가지 않습니다
오다（来る）	안 옵니다	오지 않습니다
먹다（食べる）	안 먹습니다	먹지 않습니다
마시다（飲む）	안 마십니다	마시지 않습니다
보다（見る）	안 봅니다	보지 않습니다
만나다（会う）	안 만납니다	만나지 않습니다
맵다（辛い）	안 맵습니다	맵지 않습니다
바쁘다（忙しい）	안 바쁩니다	바쁘지 않습니다
많다（多い）	안 많습니다	많지 않습니다
말하다（言う）	말（을）안 합니다	말하지 않습니다
운동하다（運動する）	운동（을）안 합니다	운동하지 않습니다

2. (1) 매일 회사에 안 갑니다. / 가지 않습니다.
　　(2) 내일 여기에 안 옵니다. / 오지 않습니다.
　　(3) 집에서 아침 식사를 안 합니다. / 하지 않습니다.
　　(4) 도쿄에서 안 삽니다. / 살지 않습니다.
　　(5) 내일 안 바쁩니다. / 바쁘지 않습니다.

(6) 한국 음식을 자주 안 먹습니다 . / 먹지 않습니다 .
3. (1) 집에서 회사까지　(2) 내일과　(3) 토요일에
　　(4) 친구를　(5) 아침부터 저녁까지　(6) 여기에서

●第 8 課 (p83)
1. (1) 오십일　(2) 육십삼　(3) 삼백육십오　(4) 이천구　(5) 만 삼천육백사십
　　(6) 팔십칠만 이백삼십
2. (1) 가 : (생일) 이 언제예요?　　　나 : (십일월 이십삼 일) 이에요 .
　　(2) 가 : (결혼기념일) 이 언제예요?　나 : (유월 십팔 일) 이에요 .
　　(3) 가 : (창립기념일) 이 언제예요?　나 : (삼월 십 일) 이에요 .
　　(4) 가 : (시험) 이 언제예요?　　　　나 : (시월 육 일) 이에요 .
　　(5) 가 : (어린이날) 이 언제예요?　　나 : (오월 오 일) 이에요 .
　　(6) 가 : (크리스마스) 가 언제예요?　나 : (십이월 이십오 일) 이에요 .
3. (1) 가 : (치마) 는 얼마예요?　　　나 : (이만 사천) 원이에요 .
　　(2) 가 : (바지) 는 얼마예요?　　　나 : (만 구천오백) 원이에요 .
　　(3) 가 : (목걸이) 는 얼마예요?　　나 : (십사만 삼천) 원이에요 .
　　(4) 가 : (전철비) 는 얼마예요?　　<回答例>구백 원이에요 .
　　(5) 가 : (택시 기본요금) 은 얼마예요?　<回答例>이천사백 원이에요 .
　　(6) 가 : (도쿄에서 서울 비행기 값) 은 얼마예요?　<回答例>삼만 오천 엔이에요 .
4. (1) 김치찌개가 맛있네요 .　(2) 날씨가 덥네요 .　　(3) 옷이 예쁘네요 .
　　(4) 발음이 어렵네요 .　　　(5) 머리가 기네요 .　(6) 한국어를 잘하네요 .
5. (1) 십사 일에 갑니다 .　(2) 십구 일에 옵니다 .　(3) 스포츠센터에 갑니다 .
　　(4) 십일 일이에요 . / 십일 일에 약속이 있어요 .　(5) 화요일에 있어요 .
　　(6) 십 일에 쇼핑을 합니다 .　(7) 사이육 (又는사이륙) 의 [에] 공구일사예요 .

●第 9 課 (p89)
1.

		− 아 / 어요		− 아 / 어요
(1)	먹다　食べる	먹어요	만나다　会う	만나요
	살다　住む	살아요	건너다　渡る	건너요
	읽다　読む	읽어요	(3) 오다　来る	와요
	알다　知る	알아요	보다　見る	봐요
	좋다　良い	좋아요	외우다　覚える	외워요
	맛있다　おいしい	맛있어요	기다리다　待つ	기다려요
	멀다　遠い	멀어요	마시다　飲む	마셔요
	만들다　作る	만들어요	(4) 보내다　送る	보내요
(2)	가다　行く	가요	(5) 말하다　言う	말해요
	사다　買う	사요	편리하다　便利だ	편리해요

서다　立つ	서요	(6)	교사이다　教師である	교사예요
비싸다　値段が高い	비싸요		회사원이다　会社員である	회사원이에요

2. (1) 지하철로 와요.　(2) 자전거로 다녀요.　(3) 젓가락으로 먹어요.
　　(4) 이메일로 보내요.　(5) 손으로 만들어요.　(6) 한국말로 이야기해요.
3. (1) 와요.　(2) 만나요.　(3) 유명해요?　(4) 가요.　(5) 비싸요?　(6) 바쁘지 않아요.
4. 살아요, 가요, 살아요, 만나요, 안내해요, 유명해요, 따뜻해요, 춥지 않아요, 가요, 와요.
5. (1) 부산에 가요.　(2) 친구가 안내해요.　(3) 따뜻해요.　(4) 회가 유명해요.
　　(5) 기차로 가요.　(6) 아뇨, 버스로 와요.
7. ＜聴いてみましょう＞

> (スクリプト) 女性 : 기무라 씨, 서울에 언제 가요?
> 　　　　　　男性 : 22 (이십이) 일에 가요.
> 　　　　　　女性 : 공항에서 서울까지 어떻게 가요?
> 　　　　　　男性 : 버스로 가요.
> 　　　　　　女性 : 서울 날씨는 따뜻해요?
> 　　　　　　男性 : 그렇게 춥지 않습니다.

　　(1) 22 (이십이) 일에 가요.　(2) 공항에서 서울까지 가요.　(3) 그렇게 춥지 않습니다.

● **第 10 課** (p97)
1. (1) 세 시예요.　(2) 아홉 시예요.　(3) 오전 열한 시예요.
　　(4) 일곱 시 십오 분이에요.　(5) 열두 시 삼십 분이에요.
　　(6) 네 시 오분 전이에요.
2. 일곱 시 반에 일어납니다, 여덟 시에 아침 식사, 아홉 시에 회사에, 열두 시부터 한 시까지, 여섯 시 삼십 분에 퇴근, 일곱 시 사십오 분에 집에서, 여덟 시 반부터 열한 시까지, 열두 시 반에 잡니다.
3. (1) 일주일에 두 번 운동해요.　(2) 가족은 다섯 명이에요.
　　(3) 생맥주 세 잔 주세요.　(4) 숟가락 하나 주세요.
　　(5) 강아지 한 마리와 고양이 두 마리가 있어요.　(6) 아이는 세 살이에요.
5. (1) 오후 일곱 시 이십 분에 약속이 있습니다.
　　(2) 열두 시 사십오 분입니다.　(3) 거래처에서 오전 열한 시에 있어요.
　　(4) 오전 여덟 시 반에 만납니다.　(5) 오후 여섯 시 오십 분부터입니다.
7. ＜聴いてみましょう＞

> (スクリプト) 男性 : 와타나베 씨, 한국어 수업은 매일 있어요?
> 　　　　　　女性 : 아뇨, 일주일에 한 번 있어요.
> 　　　　　　男性 : 수업은 몇 시부터 해요?
> 　　　　　　女性 : 7 시 50 분부터 9 시 10 분까지예요.
> 　　　　　　男性 : 한국어는 어렵지 않아요?
> 　　　　　　女性 : 네, 어렵지 않아요. 재미있어요.

　　(1) ×　(2) ×　(3) ○　(4) ×

● Review（6課～10課）(p100)

1. (1) 토요일　(2) 외식하다　(3) 유명하다　(4) 왕복으로　(5) 주말
　　(6) あさって　(7) 交通　(8) まったく　(9) 家
2. (1) 내일 회사에 갑니다.　(2) 음악을 듣고 영화를 봅니다.
　　(3) 다음 주는 안 바쁩니다. / 바쁘지 않습니다.　(4) 날씨가 따뜻해요.
　　(5) 어디에 살아요?　(6) 내일도 여기에 와요?　(7) 날씨가 좋네요.
3. (1) 세 시 십 분　(2) 이십삼 일　(3) 구백 원　(4) 네 잔　(5) 이 층　(6) 다섯 명
4. (1) 언제　(2) 어느　(3) 어떻게　(4) 몇　(5) 누구
　　(6) 어디　(7) 무슨　(8) 얼마　(9) 누가　(10) 뭐

●第11課 (p106)

1.

		았 / 었습니다 았 / 었어요			았 / 었습니다 았 / 었어요
(1)	먹다	먹었습니다 먹었어요		서다	섰습니다 섰어요
	살다	살았습니다 살았어요		만나다	만났습니다 만났어요
	읽다	읽었습니다 읽었어요	(3)	오다	왔습니다 왔어요
	알다	알았습니다 알았어요		보다	봤습니다 봤어요
	좋다	좋았습니다 좋았어요		외우다	외웠습니다 외웠어요
	맛있다	맛있었습니다 맛있었어요		기다리다	기다렸습니다 기다렸어요
	멀다	멀었습니다 멀었어요		마시다	마셨습니다 마셨어요
	만들다	만들었습니다 만들었어요	(4)	보내다	보내었습니다 (보냈습니다) 보내었어요 (보냈어요)
(2)	가다	갔습니다 갔어요	(5)	말하다	말했습니다 말했어요
	사다	샀습니다 샀어요	(6)	학교이다	학교였습니다 학교였어요
	비싸다	비쌌습니다 비쌌어요		백화점이다	백화점이었습니다 백화점이었어요

2. (1) 작년에 결혼했어요.　　(2) 3 월 말에 제주도에 갔어요.
　　(3) 9 월 초에 여행을 했어요.　　(4) 여름에 일본에서 왔어요.

(5) 지지난주에 친구를 만났어요. (6) 어제 영화를 봤어요.
4. (1) 작년 가을에 갔어요 (2) 날씨는 아주 좋았어요
   (3) 아뇨, 한국말로 주문을 했어요. (4) 시장에 갔어요.
   (5) 사람이 많고 물건이 쌌어요.
5. ＜聴いてみましょう＞

> (スクリプト) 女性：핫토리 씨 언제 한국에 왔어요?
> 男性：어제 왔어요.
> 女性：한국은 처음이에요?
> 男性：아뇨, 작년에도 왔어요.
> 女性：한국어는 얼마나 공부했어요.
> 男性：한 6개월 정도 배웠어요.
> 女性：한국어 잘하시네요.
> 男性：아직 멀었어요.

   (1) 어제 왔어요. (2) 아뇨, 작년에도 왔어요.
   (3) 아뇨, 한 6개월 정도 배웠어요.

●第 12 課 (p113)
1.

	(으) 십니까?	(으) 세요?		(으) 십니까?	(으) 세요?
오다	오십니까?	오세요?	먹다	드십니까?	드세요?
보다	보십니까?	보세요?	있다	계십니까?	계세요?
만나다	만나십니까?	만나세요?	자다	주무십니까?	주무세요?
가다	가십니까?	가세요?	마시다	드십니까?	드세요?
읽다	읽으십니까?	읽으세요?	모르다	모르십니까?	모르세요?
괜찮다	괜찮으십니까?	괜찮으세요?	바쁘다	바쁘십니까?	바쁘세요?
알다	아십니까?	아세요?	좋아하다	좋아하십니까?	좋아하세요?
만들다	만드십니까?	만드세요?	피곤하다	피곤하십니까?	피곤하세요?
멀다	머십니까?	머세요?	회사원이다	회사원이십니까?	회사원이세요?
살다	사십니까?	사세요?	어머니이다	어머니십니까?	어머니세요?
재미있다	재미있으십니까?	재미있으세요?	아는 사람이다	아는 분이십니까?	아는 분이세요?

2. (1) 성함이~ (2) 나이가~ (3) 형제가~ (4) 가족이~ (5) 주소가~
   (6) 전화번호가~
3. 교사십니다, 사십니다, 오십니다, (체크) 하십니다, 가르치십니다, 드십니다,
   돌아가십니다, 주무십니다, 치십니다
   (1) 아뇨, 고등학교 교사세요. (2) 신촌에 사세요.
   (3) 신문을 읽고 메일을 체크하세요. (4) 영어를 가르치세요.
   (5) 주로 학교 식당에서 드세요. (6) 박 선생님하고 골프를 치세요.
5. ＜聴いてみましょう＞

> （スクリプト）女性：한국 분이세요？　男性：아뇨, 일본 사람입니다.
> 　　　　　女性：성함이 어떻게 되세요？　男性：사이토라고 합니다.
> 　　　　　女性：한국말 정말 잘하시네요.　男性：아니에요.
> 　　　　　女性：나이가 어떻게 되세요？　男性：스물아홉입니다.
> 　　　　　女性：그럼, 사이토 씨가 오빠네요.

　(1) ○　 (2) ×　 (3) ×　 (4) ×

6. 아버지께서는 <u>회사원이십니다</u>. 아버지께서는 매일 7 시에 <u>일어나십니다</u>. 아침
   에는 주로 밥을 <u>드십니다</u>. 회사까지는 전철로 <u>가십니다</u>. 9 시부터 6 시까지 <u>일하</u>
   <u>십니다</u>. 일주일에 한 번 저녁에 한국어를 <u>배우십니다</u>. 보통 7 시 반에 집에 <u>돌아</u>
   <u>오십니다</u>. 책을 <u>읽으시고</u> 보통 11 시에 <u>주무십니다</u>.

・補足 （p117）

1.

	–（으）세요	–（으）십시오		–（으）세요	–（으）십시오
가다	가세요	가십시오	먹다	드세요	드십시오
앉다	앉으세요	앉으십시오	있다	계세요	계십시오
읽다	읽으세요	읽으십시오	자다	주무세요	주무십시오

2. (1) 여기에 앉으세요 ./ 앉으십시오.　(2) 한국어로 쓰세요 ./ 쓰십시오.
   (3) 칠판을 보세요 ./ 보십시오.　 (4) 오전 10 시까지 오세요 ./ 오십시오.

●第 13 課 （p121）

1.

	–（으）셨어요？		–（으）셨어요？
오다	오셨어요？	먹다	드셨어요？
보다	보셨어요？	있다	계셨어요？
만나다	만나셨어요？	자다	주무셨어요？
가다	가셨어요？	마시다	드셨어요？
읽다	읽으셨어요？	모르다	모르셨어요？
재미있다	재미있으셨어요？	바쁘다	바쁘셨어요？
알다	아셨어요？	괜찮다	괜찮으셨어요？
만들다	만드셨어요？	좋아하다	좋아하셨어요？
멀다	머셨어요？	피곤하다	피곤하셨어요？
살다	사셨어요？	말하다	말씀하셨어요？

2. (1) 식사하셨어요？ 안 했어요.　 (2) 읽으셨어요？ 안 읽었어요.
   (3) 끝나셨어요？ 안 끝났어요.　 (4) 보셨어요？ 안 봤어요.
   (5) 드셨어요？ 안 먹었어요.　　 (6) 만드셨어요？ 안 만들었어요.
3. (1) B　 (2) F　 (3) E　 (4) D　 (5) A　 (6) C
4. (1) 재작년에 한국에 가셨어요.　 (2) 한국어를 공부하셨어요.

(3) 1 년 동안 배우셨어요.　(4) 학교 근처의 하숙집에서 사셨어요.

(5) 지난달에 결혼하셨어요.　　(6) 3 박 4 일간 가셨어요.

5. ＜聴いてみましょう＞

(スクリプト)　女性 : 상민 씨는 신혼여행을 어디로 가셨어요? 男性 : 제주도에 2 박 3 일간 갔다 왔어요. 女性 : 제주도는 어땠어요? 男性 : 날씨도 좋고, 음식도 맛있었어요. 女性 : 한국 사람은 제주도로 신혼여행을 많이 가요? 男性 : 요즘에는 외국으로 많이 갑니다.

(1) 신혼여행을 갔습니다.　(2) 2 박 3 일간 갔습니다.

(3) 날씨는 좋았습니다.　(4) 요즘에는 외국으로 많이 갑니다.

6. 어머니께서는 교사세요. <u>어머니께서는</u> 지난 주말에 일찍 <u>일어나셨어요</u>. 그리고 청소를 <u>하시고</u> 빨래를 <u>하셨어요</u>. 오래간만에 빵을 <u>만드셨어요</u>. 오후에는 친구를 <u>만나셨어요</u>. 그 친구하고 같이 영화관에 <u>가셨어요</u>. 한국 영화를 <u>보셨어요</u>. 영화 가 끝나고 한국 음식을 <u>드셨어요</u>.

●第 14 課 (p127)

1. (1) 가 : 다음 주에 오지요? -- 나 : 네, 와요.

　　(2) 가 : 요즘 피곤하지요? -- 나 : 아뇨, 피곤하지 않아요.

　　(3) 가 : 한국 음식이 맛있지요? -- 나 : 네, 맛있어요.

　　(4) 가 : 어제 한국 뉴스를 봤지요? -- 나 : 아뇨, 안 봤어요.

　　(5) 가 : 한국어 숙제를 했지요? -- 나 : 네, 했어요.

　　(6) 가 : 대학생이지요? -- 나 : 아뇨, 대학생이 아니에요.

2. (1) 학원은 회사에서 가깝지만 집에서 멀어요 (又は멉니다).

　　(2) 야채는 먹지만 고기는 안 먹어요.

　　(3) 일본은 교통비가 비싸지만 한국은 싸요.

　　(4) 일본은 여름에 습기가 많지만 한국은 적어요.

　　(5) 한국에는 온돌이 있지만 일본에는 없어요.

　　(6) 일본은 겨울이지만 호주는 여름이에요.

3. (1) 한국은 국수를 소리 내서 안 먹지만 일본은 소리 내서 먹어요.

　　(2) 한국은 운전석이 왼쪽에 있지만 일본은 오른쪽에 있어요.

　　(3) 한국은 교통비가 싸지만 일본은 비싸요.

　　(4) 한국은 여름에 습기가 많지 않지만 일본은 많아요.

　　(5) 한국은 집에 온돌이 있지만 일본은 집에 다다미가 있어요.

●第 15 課 (p133)

1. (1) 어디에 가고 싶어요?　(2) 뭘 먹고 싶어요?

　　(3) 뭘 사고 싶어요?　(4) 여기저기 구경하고 싶어요.

　　(5) 사진을 많이 찍고 싶어요.　(6) 회사에 가고 싶지 않아요.

2. (1) 메구미 씨는 한국에서 공부하고 싶어 해요.
   (2) 순영 씨는 졸업 후에 취직하고 싶어 해요.
   (3) 아이는 일요일에 공원에 가고 싶어 해요.
   (4) 윤경 씨는 너무 비싸서 사고 싶어 하지 않아요.
   (5) 형빈 씨는 아무것도 먹고 싶어 하지 않아요.
4. 가고 싶습니다, 구경하고 싶습니다, 찍고 싶습니다, 취직하고 싶지 않습니다,
   유학을 하고 싶습니다, 배우고 싶습니다, 취직하고 싶습니다,
   취직하고 싶어 합니다. 결혼하고 싶어 합니다. 결혼하고 싶습니다.

● Review (11 課〜 15 課) (p136)
1. (1) 아직 (2) 휴가 (3) 습관 (4) 온천 (5) 교통
   (6) どれぐらい (7) まず (8) 似ている (9) 付き合う
2. (1) 날씨가 좋았어요. (2) 뭐 드셨어요? (3) 학원에 다니셨어요?
   (4) 맛있지만 비싸요. (5) 친구를 사귀고 싶지 않아요. (6) 한국 분이십니까?
3. (1) 으로 (2) 께서는 (3) 한테 (4) 한테서 (5) 께
4. (1) 왔어요. (2) 안 했어요. (3) 어제 (4) 없지만 (5) 가고 싶지 않아요.
   (6) 가고 싶어요. (7) 계세요?
5. (1) 그 영화는 보셨어요? (2) 요리 잘하시네요. (3) 여행은 어땠어요?
   (4) 일본은 교통비가 비싸지만 한국은 싸지요? (5) 아직 결혼하고 싶지 않아요.

●第 16 課 (p141)
1.

	－ 아 / 어요	－ 았 / 었어요	－ 아 / 어서
아프다　痛い	아파요	아팠어요	아파서
바쁘다　忙しい	바빠요	바빴어요	바빠서
배가 고프다　お腹が空く	배가 고파요	배가 고팠어요	배가 고파서
슬프다　悲しい	슬퍼요	슬펐어요	슬퍼서
예쁘다　かわいい、綺麗だ	예뻐요	예뻤어요	예뻐서
쓰다　使う、書く	써요	썼어요	써서
크다　大きい	커요	컸어요	커서

2. (1) 늦어서 택시를 탔어요. (2) 일이 많아서 바빠요.
   (3) 피곤해서 쉬었어요. (4) 쉬는 날이어서 (又는 날이라서) 쇼핑을 했어요.
   (5) 물건이 싸서 많이 샀어요. (6) 키가 커서 멋있어요.
3. (2) A 아직 결혼하고 싶지 않아서 안 했어요. / 아직 결혼하고 싶지 않아서요.
   (3) B 어제 회사 일이 너무 바빠서 안 왔어요. / 회사 일이 너무 바빠서요.
   (4) C 어제 저녁에 술을 많이 마셔서 아파요. / 어제 저녁에 술을 많이 마셔서요.
   (5) F 백화점 세일이어서 많이 샀어요. / 백화점 세일이어서요.
   (6) E 배가 아파서 병원에 갔어요. / 배가 아파서요.

4. 쉬는 날이어서 , 싸서 , 슬퍼서 , 배가 고파서 , 피곤해서 , 자서
   (1) 쇼핑을 많이 해서 돈을 많이 썼어요 .   (2) 값이 싸서 많이 샀어요 .
   (3) 영화가 너무 슬퍼서요 .   (4) 많이 피곤해서요 .
   (5) 늦잠을 자서 회사에 지각을 했어요 .

●第 17 課 (p147)

1. (1) 길을 건너도 돼요 ? —네 , 건너도 돼요 . / 아뇨 , 건너면 안 돼요 .
   (2) 주차해도 돼요 ?—네 , 주차해도 돼요 . / 아뇨 , 주차하면 안 돼요 .
   (3) 여기에 앉아도 돼요 ? —네 , 앉아도 돼요 . / 아뇨 , 앉으면 안 돼요 .
   (4) 담배를 피워도 돼요 ?—네 , 피워도 돼요 . / 아뇨 , 피우면 안 돼요 .
   (5) 자전거를 세워도 돼요 ?—네 , 세워도 돼요 . / 아뇨 , 세우면 안 돼요 .
   (6) 핸드폰을 써도 돼요 ?—네 , 써도 돼요 . / 아뇨 , 쓰면 안 돼요 .
2. (1) 어떻게 먹으면 돼요 ?—숟가락으로 먹으면 돼요 .
   (2) 몇 시까지 오면 돼요 ?— 여섯 시 이십 분까지 오면 돼요 .
   (3) 어디로 가면 돼요 ?— 역으로 가면 돼요 .
   (4) 언제 전화하면 돼요 ?— 저녁에 전화하면 돼요 .
   (5) 무슨 음식을 만들면 돼요 ?—잡채를 만들면 돼요 .
   (6) 누구를 찾으면 돼요 ?—박 선생님을 찾으면 돼요 .
3. (2)F 주말에 날씨가 좋으면 공원에 가고 싶어요 .
   (3)A 여기에서 오른쪽으로 가면 약국이 있어요 .
   (4)B 비행기 표가 싸면 한국에 가고 싶어요 .
   (5)D 단어를 모르면 사전을 찾아요 .   (6)C 역에서 멀면 택시로 가요 .
4. (1) 아뇨 , 길을 건너면 안 돼요 . (2) 아뇨 , 주차하면 안 돼요 . (3) 아뇨 , 앉으면 안
   돼요 . (4) 아뇨 , 피우면 안 돼요 . (5) 네 , 세워도 돼요 . (6) 아뇨 , 쓰면 안 돼요 .
5.< 回答例 >

	일 본	한 국
아버지 앞에서 담배 를 피워도 돼요 ?	일본에서는 아버지 앞에서 담 배를 피워도 돼요 .	한국에서는 아버지 앞에서 담배 를 피우면 안 돼요 .

6. <聴いてみましょう>

(スクリプト) 男性 : 여기에서 담배를 피워도 돼요 ? 女性 : 죄송합니다 . 여기는 금연입니다 . 男性 : 그럼 , 밖에서 피우면 돼요 ?   女性 : 네 , 밖에서는 괜찮아요 .

   (1) 아뇨 , 피우면 안 돼요 .(2) 여기는 금연입니다 . (3) 밖에서 담배를 피우면 돼요 .

●第 18 課 (p153)

1.

	- (으) ㄹ까요 ?	- (으) ㅂ시다
가다	갈까요 ?	갑시다

오다	올까요?	옵시다
만나다	만날까요?	만납시다
보다	볼까요?	봅시다
사다	살까요?	삽시다
타다	탈까요?	탑시다
내리다	내릴까요?	내립시다
먹다	먹을까요?	먹읍시다
읽다	읽을까요?	읽읍시다
식사하다	식사할까요?	식사합시다
만들다	만들까요?	만듭시다
음식을 시키다	음식을 시킬까요?	음식을 시킵시다
사진을 찍다	사진을 찍을까요?	사진을 찍읍시다
전화를 걸다	전화를 걸까요?	전화를 겁시다

2. (1) 술을 마실까요? 차를 마실까요? — 술을 (又は차를) 마십시다 . / ~마셔요 .
   (2) 택시를 탈까요? 지하철을 탈까요? — 택시를 (지하철을) 탑시다 . / ~타요 .
   (3) 고기를 먹을까요? 찌개를 먹을까요? —고기를 (찌개를) 먹읍시다 . / ~먹어요 .
   (4) 토요일에 만날까요? 일요일에 만날까요?
       —토요일에 (일요일에) 만납시다 . / ~만나요 .
   (5) 선물로 컵을 살까요? 책을 살까요? —컵을 (책을) 삽시다 . / ~사요 .
   (6) 불고기를 만들까요? 나물을 만들까요?
       —불고기를 (나물을) 만듭시다 . / ~만들어요 .

3. (1) 도서관에 왜 가요? – b. 책을 빌리러 가요 .
   (2) 학원에 왜 가요? – c. 한국어를 배우러 가요 .
   (3) 아베 씨 집에 왜 가요? – e. 놀러 가요 .
   (4) 우체국에 왜 가요? – d. 편지를 보내러 가요 .
   (5) 레스토랑에 왜 가요? – a. 식사를 하러 가요 .
   (6) 공원에 왜 가요? – f. 사진을 찍으러 가요 .

●第 19 課 (p159)

1.

	– 아 / 어 주시겠어요?	– 아 / 어 주세요
가다	가 주시겠어요?	가 주세요
기다리다	기다려 주시겠어요?	기다려 주세요
가르치다	가르쳐 주시겠어요?	가르쳐 주세요
치우다	치워 주시겠어요?	치워 주세요
바꾸다	바꿔 주시겠어요?	바꿔 주세요
사진을 찍다	사진을 찍어 주시겠어요?	사진을 찍어 주세요

창문을 닫다	창문을 닫아 주시겠어요?	창문을 닫아 주세요
천천히 말하다	천천히 말해 주시겠어요?	천천히 말해 주세요

2. (1) 미안합니다만, 펜을 (좀) 빌려 주시겠어요?
   (2) 죄송합니다만, 문을 (좀) 열어 주시겠어요?
   (3) 실례합니다만, 어머니를 (좀) 바꿔 주시겠어요?
   (4) 지금 안 계십니다만, 나중에 전화해 주시겠어요?
   (5) 팬입니다만, 사인 (좀) 해 주시겠어요?
   (6) 역 앞에 있습니다만, 지금 (좀) 와 주시겠어요?

3. (複数の応答可能)
   (1) 치워 주세요. (2) 롯데호텔에 가 주세요, 창문을 닫아 주세요.
   (3) 사진을 찍어 주세요. 통역해 주세요.
   (4) 가르쳐 주세요. 다시 한 번 말해 주세요. (5) 기다려 주세요, 바꿔 주세요.

4. <聴いてみましょう>

> (スクリプト) 男性 : 여기요. 女性 : 네.
> 男性 : 물하고 숟가락 좀 갖다 주시겠어요? 女性 : 네, 여기 있습니다.
> 男性 : 고맙습니다. 女性 : 손님, 아까 김치 주문하셨어요?
> 男性 : 아뇨.

   (1) ○　　(2) ×　　(3) ×　　(4) ○

· **補足** (p161)
1. 결혼해 주세요. 2. 가르쳐 주세요. 3. 사 주세요. 4. 쓰세요. / 써 주세요.
5. 운동하세요. 6. 찍으세요. / 찍어 주세요.

● **第 20 課** (p165)

1.

	-(으) ㄹ 수 있어요	못 - / -(으) ㄹ 수 없어요
(1) 운전하다	운전할 수 있어요	운전 못 해요 / 운전할 수 없어요
(2) 스키를 타다	스키를 탈 수 있어요	스키를 못 타요 / 스키를 탈 수 없어요
(3) 피아노를 치다	피아노를 칠 수 있어요	피아노를 못 쳐요 / 피아노를 칠 수 없어요
(4) 매운 것을 먹다	매운 것을 먹을 수 있어요	매운 것을 못 먹어요 / 매운 것을 먹을 수 없어요
(5) 잡채를 만들다	잡채를 만들 수 있어요	잡채를 못 만들어요 / 잡채를 만들 수 없어요
(6) 한국말을 하다	한국말을 할 수 있어요	한국말을 못 해요 / 한국말을 할 수 없어요

2. (1) 지금 뭐 하고 있어요?—밥을 먹고 있어요.　(2) ～자고 있어요.

   (3) ～음악을 듣고 있어요.　(4) ～전화를 하고 있어요.

   (5) ～책을 읽고 있어요.　(6) ～노래를 하고 있어요.

3. <回答例> (1) 순미 씨는 운전을 할 수 있어요? – 네, 할 수 있어요.

4. (1) 아뇨, 못 피워요.　(2) 아홉 시 반부터 들어갈 수 있어요.

   (3) 오후 여덟 시까지 수영할 수 있어요.

   (4) 아뇨, 사용할 수 없어요.　(5) 아뇨, 찍을 수 없어요.

5. <聴いてみましょう>

> (スクリプト) 男性：인영 씨, 맥주 어때요?
>
>   女性：저는 술을 못해요. 주스 주세요. 무라마치 씨는 술을 잘하세요?
>
>   男性：맥주는 조금 마실 수 있지만 소주는 못 마셔요.

   (1) ○　(2) ×　(3) ○

● **Review (16 課～ 20 課)** (p168)

1. (1) 웃다　(2) 발음　(3) 괜찮아요 (4) 다시 한 번　(5) 연습

   (6) 最近　(7) もちろんです　(8) あとで　(9) 幼い時

2. (1) 사진을 찍어도 돼요? (2)10 시까지 오면 돼요. (3) 식사라도 같이 할까요?

   (4) 이따가 역 앞에서 봅시다.　(5) 우산 좀 빌려 주시겠습니까?

   (6) 운전을 못 해요.　(7) 늦잠을 자서 지각을 했어요.

3. (1) × 피우도 → 피워도　(2) × 세워면 → 세우면 (又는 세워도)

   (3) ○　(4) × 놀으러 → 놀러　(5) ○　(6) × 열을 수 → 열 수

4. (1) 어제는 피곤해서 집에서 쉬었습니다.

   (2) 여기에서 사진을 찍으면 안 됩니다.

   (3) 이번 주 금요일에 같이 영화라도 볼까요?

   (4) 죄송합니다만, 다시 한 번 말해 주시겠어요?

   (5) 잡채를 만들 수 있어요?

5. (1) 로　(2) 예뻤습니다.　(3)a. ×　b. ○　c. ×

Part Ⅲ　<発音の変化>

●**連音化** (p173)(1) 야기 (2) 회사워니에요　(3) 일거요　(4) 바께　(5) 여가페서 (6) 싸아요／●**鼻音化** (p174)(1) 함니다　(2) 싱물　(3) 임문　(4) 존네요 (5) 마신는　(6) 어렴네요／●**「ㅎ」弱音化** (p175)(1) 으냉　(2) 나만　(3) 저녀　(4) 성암　(5) 버노　(6) 자라다／●**激音化** (p176)(1) 부타캄니다　(2) 추카　(3) 이팍　(4) 모타다　(5) 가지안코　(6) 만타／●**濃音化** (p177)(1) 식싸　(2) 약꾹　(3) 국빱　(4) 숙쩨　(5) 일따　(6) 습끼／●**流音化** (p178) (1) 열락　(2) 실래　(3) 일런　(4) 괄람　(5) 의견난／●**母音「ㅢ」の発音** (p179) (1) 의리　(2) 호이　(3) 펴니점　(4) 의미　(5) 히망　(6) 한구게 수도／●**口蓋音化** (p180)(1) 마지　(2) 부치다　(3) 바치／●**二重パッチム** (p181)(1) 갑 (2) 안따 (3) 짤따 / (1) 갑씨 (2) 절머요 (3) 일거써요

■ 14 ■

＜本文―会話文の日本語訳＞

(p40) 第1課　私は日本人です。

金スヨン	：	こんにちは。私は金スヨンです。
田中	：	私は田中あすかと申します。日本人です。
		これから宜しくお願いします。
金スヨン	：	お会いできて嬉しいです。
田中	：	金スヨンさんは会社員ですか。
金スヨン	：	はい、私は会社員です。田中さんは、韓国は初めてですか。
田中	：	はい、初めてです。

(p44) 第2課　日本人ではありません。

李ヨンスン	：	あの人が横綱ですか。
佐藤	：	はい、そうです。
李ヨンスン	：	日本人ですか。
佐藤	：	いいえ、日本人ではありません。モンゴル人です。
李ヨンスン	：	では、あの相撲選手はどの国の人ですか。
佐藤	：	さあ…。

(p50) 第3課　それは何ですか。

松井	：	それは何ですか。
崔ヒョンギョン	：	これはキュウリのキムチです。
松井	：	これもキムチですか。
崔ヒョンギョン	：	いいえ、キムチではありません。それはナムルです。
		味はどうですか。
松井	：	おいしいです。

(p56) 第4課　約束があります。

朴ソンヒョン	：	アスカさん、今日約束がありますか。
アスカ	：	はい、あります。
朴ソンヒョン	：	どこで約束がありますか。
アスカ	：	鐘路で友達と約束があります。
朴ソンヒョン	：	明日も約束がありますか。
アスカ	：	明日はありません。でも、授業があります。

(p62) 第5課　会社はどこにありますか。

林	：	キョンフンさんの会社はどこにありますか。
孫キョンフン	：	江南にあります。

林　　　　　　：　江南駅の近くにありますか。
孫キョンフン　：　はい、江南駅の前にあります。
林　　　　　　：　会社の仕事は面白いですか。
孫キョンフン　：　はい、面白いです。

（p68）第6課　週末は何をしますか。

早苗　　　　　：　週末は普通何をしますか。
鄭ウォンジェ　：　家で休みます。そして、たまに友達に会います。早苗さんは？
早苗　　　　　：　私は家で掃除をして、スポーツセンターで水泳をします。
鄭ウォンジェ　：　スポーツセンターには一人で行きますか。
早苗　　　　　：　はい、普通一人で行きます。

（p74）第7課　そんなに遠くありません。

学校の授業は月曜日から金曜日まであります。
土曜日と日曜日は学校に行きません。
家から学校まではそんなに遠くありません。
土曜日には、主に友達と明洞でショッピングをします。
明洞は（値段が）あまり高くありません。
そして、日曜日の夕方にたまに外食します。

（p80）第8課　いつ行きますか。

鄭ウナ　：　韓国はいつ行きますか。
坂本　　：　9月6日に行きます。
鄭ウナ　：　日本にいつ戻りますか。
坂本　　：　10日に来ます。
鄭ウナ　：　飛行機代はいくらですか。
坂本　　：　往復で2万3千円です。
鄭ウナ　：　安いですね。

（p86）第9課　釜山までどうやって行きますか。

木村　　　　：　私は来週15日に釜山に行きます。
姜ヒスン　　：　そうですか。
木村　　　　：　釜山は何がおいしいですか。
姜ヒスン　　：　刺身が有名です。
木村　　　　：　釜山の天気はどうですか。
姜ヒスン　　：　ソウルより暖かいです。
　　　　　　　　ところで、釜山まではどうやって行きますか。
木村　　　　：　汽車で行きます。

(p94) 第10課　何時からですか。

渡辺	：	アルバイトは何時からですか。
朴ソンヒョン	：	夕方6時からします。
渡辺	：	何時までしますか。
朴ソンヒョン	：	深夜1時までします。
渡辺	：	1週間に何回行きますか。
朴ソンヒョン	：	1週間に3回行きます。
渡辺	：	疲れませんか。
朴ソンヒョン	：	全く疲れていません。

(p102) 第11課　いつ日本へ来ましたか。

服部	：	いつ日本へ来ましたか。
尹ソヨン	：	先月来ました。
服部	：	日本語はどこで習いましたか。
尹ソヨン	：	語学教室（学院）に通いました。
服部	：	どれぐらい勉強しましたか。
尹ソヨン	：	約1年ほど勉強しました。
服部	：	本当にお上手ですね。
尹ソヨン	：	まだまだです。

(p110) 第12課　お名前は？

斉藤	：	お名前は？
崔ユナ	：	崔ユナと申します。
斉藤	：	韓国の方ですか。
崔ユナ	：	はい、韓国人です。
斉藤	：	おいくつですか。
崔ユナ	：	どう見えますか。
斉藤	：	ええと、28？
崔ユナ	：	35です。
斉藤	：	本当ですか？若く見えます。
崔ユナ	：	ありがとうございます。斉藤さん、ご家族は？
斉藤	：	妻と子供が一人います。

(p118) 第13課　どちらへ行っていらっしゃいましたか。

金サンミン	：	休暇はいかがでしたか（よく過ごされましたか）。
馬場	：	はい、久しぶりに旅行に行きました。
金サンミン	：	どちらへ行っていらっしゃいましたか。
馬場	：	イタリアに行って来ました。

金サンミン ： イタリアはどうでしたか。
馬場 ： 食べ物が本当においしかったです。そして、建物もすごく素敵でした。

(p124) 第14課　韓国と日本は似ているけど、結構違うでしょう？
金ユンヒョン ： 韓国人と日本人は食習慣が結構違うでしょう？
藤井 ： はい、日本人は茶碗を持って食べますが、韓国人はそうじゃないです。
金ユンヒョン ： そして、日本人はそばを音を出して食べますが、韓国では失礼です。
藤井 ： そうですか。
金ユンヒョン ： 自動車の運転席も違うでしょう。
藤井 ： はい、日本の車の運転席は右側ですが、韓国の車は左側です。

(p130) 第15課　温泉に行きたいです。
尾崎 ： ソクヒョンさんは日本で何がしたいですか。
権ソクヒョン ： まず、温泉に行きたいです。
尾崎 ： ほかにはありますか。
権ソクヒョン ： 友達と日本のアニメーションを見たいです。
尾崎 ： なぜですか。
権ソクヒョン ： 私の友達が宮崎監督の作品を見たがっています。
尾崎 ： 宮崎監督は日本でも人気があります。
権ソクヒョン ： そして…日本人の女性と付き合いたいです。

(p138) 第16課　プレゼントを買うのでお金をたくさん使います。
孫ジナ ： ５月にはプレゼントをたくさん買うのでお金をたくさん使います。
日高 ： どうしてですか。
孫ジナ ： 子供の日、父と母の日、師の日があるからです。
日高 ： 父と母の日って何ですか。
孫ジナ ： お父さんとお母さんの日です。両親にプレゼントを差し上げます。
日高 ： 師の日は何ですか。
孫ジナ ： 先生の日です。
日高 ： そうですか。あのう、ジナさん。５月に私の誕生日もあります。

(p144) 第17課　結婚式に何を着ていけばいいですか。
韓イェジ ： 今週土曜日に友達が結婚するので結婚式に行きます。
小倉 ： そうですか。
韓イェジ ： あのう、結婚式に何を着て行けばいいですか。